Simon Taxacher **Aroma und Textur**

GENIESSERRESTAURANT
rosengarten
SIMON TAXACHER

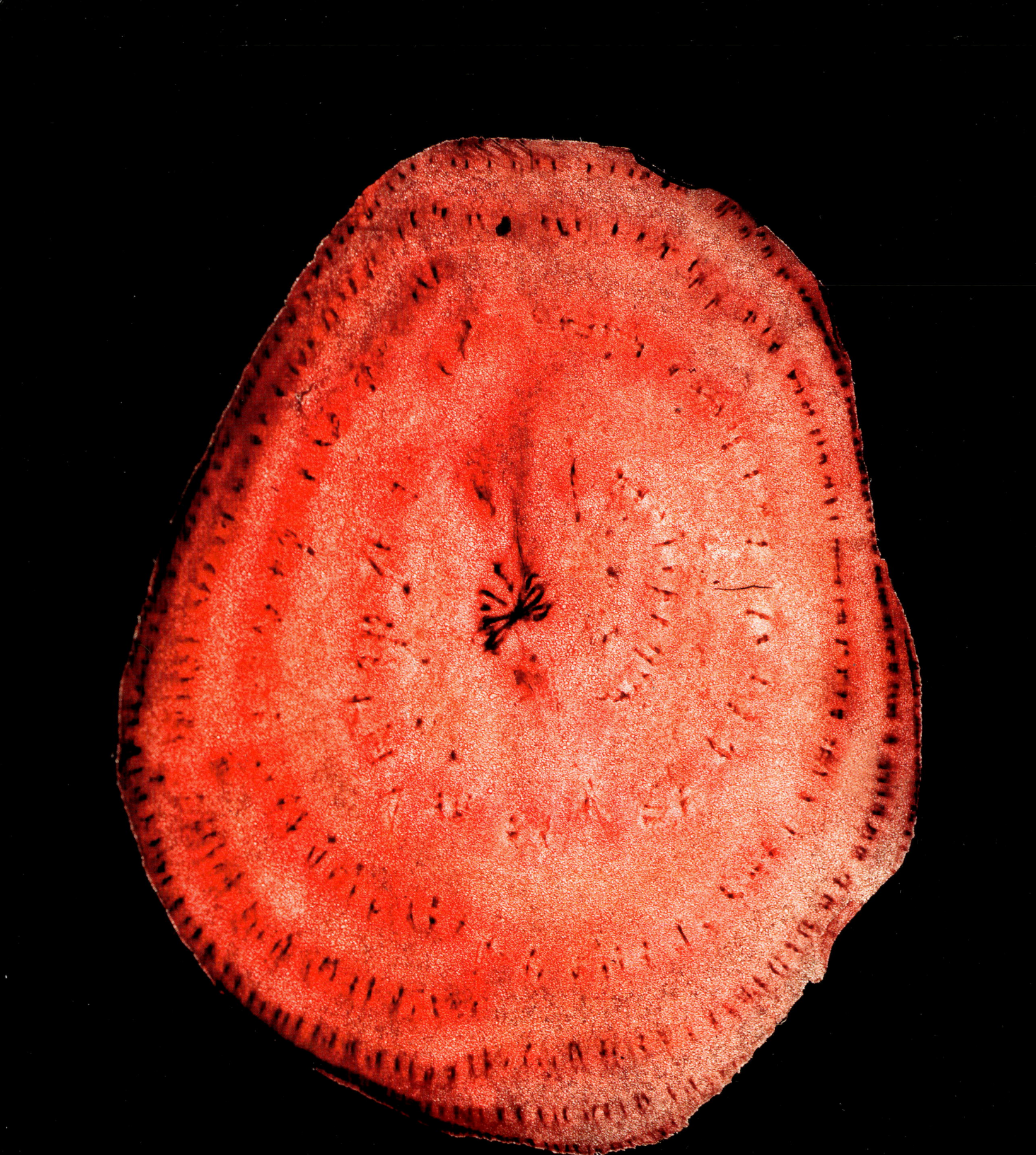

AROMA UND
SIMON TAXACHER
TEXTUR

Texte Thomas Hauer
Bilder Christian Schneider

UMSCHAU

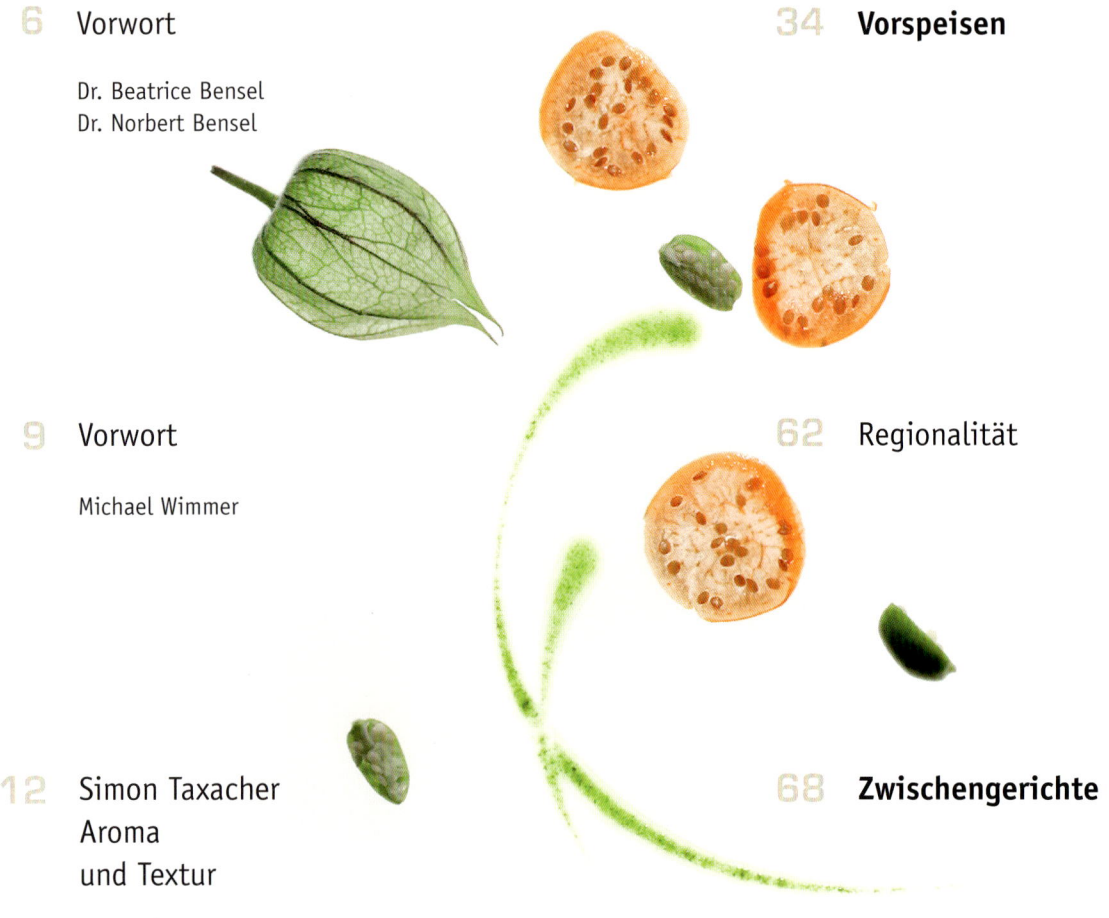

Inhalt

Simon Taxacher wusste schon immer, was er will. Und Kochen ist seine Leidenschaft. Mit großer Neugier, Disziplin und Entschlossenheit hat er sein Handwerkszeug bei den ganz großen Köchen in Österreich und Deutschland gelernt. Doch längst hat dieses Ausnahmetalent am Herd eine ganz eigene unverwechselbare Handschrift entwickelt, arbeitet seit Jahren ernsthaft, kontinuierlich und mit starkem Willen zum Erfolg an einer ganz eigenen Programmatik seiner Kochkunst. Der Titel „Aroma und Textur" weist auf sein kulinarisches Grundprinzip hin, das Taxacher mit diesen beiden – im Management würde man sagen – zentralen Stellhebeln einer perfekten Küche bedient.

Denn: Ein sehr gutes Produkt macht alleine noch kein kulinarisches Erlebnis. Erst das Erforschen, das Experimentieren von und mit den vermeintlich einfachen und doch gleichzeitig raffiniert komplexen Aromen einer Speise ist das Tor zur großen weiten Welt des Genießens, die Textur, die körperliche Beschaffenheit des Essens, der Schlüssel zum Reich der Sinne.

Mit diesem Kochbuch legt Simon Taxacher den ersten gebundenen Meilenstein einer herausragenden Koch-Karriere vor, die schon heute mit drei Hauben im Gault Millau, einem Michelin-Stern und dem Titel „Restaurant des Jahres" gewürdigt wurde. Er präsentiert darin die großen Klassiker seiner Küche, die das Geniesserrestaurant Rosengarten in Kirchberg in wenigen Jahren zum Tiroler Mekka für Feinschmecker gemacht hat.

Simon Taxacher verbindet dabei seine französisch-mediterrane Küche, die sich international mit den besten Köchen Europas messen kann, mit den vielfältigen kulinarischen Einflüssen seiner Tiroler Heimat. Im Mittelpunkt seiner Kochkunst und dieses Kochbuchs aber steht immer das Produkt, mit großer Sorgfalt ausgewählt und mit hoher Präzision und beeindruckendem Fingerspitzengefühl bearbeitet. Mit diesem Kochbuch bekommt der Leser nicht nur einen umfassenden Einblick in die Arbeitsabläufe der Spitzengastronomie, sondern erhält ganz praktische Hinweise zum Einkauf, zur Zubereitung und erlebt dabei, genussvoll mit den Produkten umzugehen.

Dieses Buch ist kein Kochbuch, sondern ein Leitfaden für Genießer. ∎

Dr. Beatrice Bensel
Ärztin

Dr. Norbert Bensel
Vorstand

Vorwort

Simon Taxacher, ein Koch im Höhenflug, aber nicht abgehoben, sondern mit beiden Beinen fest auf dem Boden. Waren doch die letzten Jahre ein steiler Weg für ihn – freilich stets nach oben und ich durfte bei so mancher Sternstunde mit dabei sein.

Als er seine zweite Haube erkochte, waren wir beide auf einer unserer vielen gemeinsamen Weindegustationsreisen durch die Wachau unterwegs. Simon war schon ganz nervös, wann endlich die befreiende Nachricht von zu Hause eintrifft und prompt klingelte an diesem Abend während des Essens das Telefon. Ausgelassen gefeiert wurde damals nicht, denn das ist wohl auch nicht seine Art. Stille Bescheidenheit, das gute Gefühl mit seinem Rosengarten auf dem richtigen Weg zu sein und dazu ein paar gute Flaschen Wein – so stießen wir beide damals auf eine seiner Auszeichnungen an. Und natürlich wurde sofort über die Zukunft nachgedacht: Was kann man noch verbessern, was fehlt noch zum nächsten kulinarischen Gipfelsturm? Und das ist etwas, was ich an Simon schon immer bewundere, sein stetes Streben nach dem Höchsten!

Dauernd ist er auf der Suche nach den besten Grundprodukten und neuen Kreationen, dazu kommt sein jugendlicher Mut – immer gepaart mit dezenter Zurückhaltung. Und wer ihn näher kennt, mit seinem trockenen Tiroler Humor und seiner Liebe zu ausgezeichneten Weinen, versteht, warum es gerade diese Charaktereigenschaften sind, die ich an ihm so sehr schätze und die uns auch freundschaftlich verbinden!

Wer den Rosengarten und Simon über die letzten Jahre beobachten konnte und das Vergnügen hatte, Simons Kochleidenschaft und Innovationen genießen zu können wie ich, der darf gespannt sein, was sich hier in den Kitzbühler Alpen in den kommenden Jahren noch tun wird. Ich bin sicher: in kulinarischer Hinsicht sicher nur das Allerbeste!

Wie sagte es unlängst ein lieber Freund und Gourmet zu mir: „Michael, ich habe es nun auch endlich nach Kirchberg zu Deinem Freund geschafft und Du hattest Recht, es war mehr als nur ausgezeichnet! Wann macht ihr denn das nächste Weinmenü?"

Ich jedenfalls freue mich schon auf viele weitere genussvolle Höhepunkte bei Simon in Kirchberg in Tirol! ▌

Michael Wimmer
Freund & Sommelier

Simon Taxacher
Aroma
und Textur

Im Tiroler Unterland erstreckt sich am Fuß der Kitzbüheler Alpen das romantische Brixental mit den drei Gemeinden Kirchberg, Westendorf und Brixen im Thale. Nur wenige Kilometer von Kitzbühel entfernt ist diese Region – mitten im drittgrößten Skigebiet Europas – ein wahres Eldorado für Wintersportler, die hier mehr als 400 Kilometer präparierter Pisten erwarten. Ein ausgedehntes Netz von Wanderwegen lädt aber auch im Sommer zum Aktivurlaub ein. Von Tirols schönstem Aussichtsberg, der Hohen Salve, kann man dabei den Blick über eine dramatische Naturlandschaft von einzigartiger Schönheit schweifen lassen.

Während das mondäne Kitzbühel seine Gäste mit dem weltberühmten Hahnenkammrennen, exklusiven Boutiquen und buntem Après-Ski anlockt, zieht es passionierte Genießer und Gourmets dagegen eher ins etwas beschaulichere Kirchberg.

Verantwortlich dafür ist Simon Taxacher – Küchenchef und Inhaber des Genießerrestaurants Rosengarten.

An der Verbindungsstraße nach Aschau gelegen, hat Taxacher im elterlichen Hotelbetrieb am Ortsrand von Kirchberg in nur wenigen Jahren ein kleines kulinarisches Wunder vollbracht. Nur ein dezentes Schild an der Front des Taxacher Hofes lässt ahnen, welche Genüsse den Gast hier erwarten. Doch der Reihe nach.

Simon Taxacher sen. und seine Frau Katharina eröffneten den Taxacher Hof 1971 und bauten das 3*-Haus im Lauf der Jahre auf heute insgesamt 51 Zimmer aus. Über Jahrzehnte wurden den Gästen hier traditionelle Tiroler Gastlichkeit und Küche geboten. Für Simon Taxacher jr. war es da fast schon selbstverständlich in die Fußstapfen der Eltern zu treten. Schon als Kind half Simon seiner Tante Leni, die heute noch jeden Tag in der Hotelküche steht, bei der Vorbereitung des Essens für die Pensionsgäste.

Nach der Schulzeit besuchte Taxacher die Innsbrucker Hotelfachschule Villa Blanka, die er 1993 abschloss. Der Schwerpunkt seiner Ausbildung lag im Bereich Hotellerie und Service. Und auch

die ersten Erfahrungen, die Taxacher mit 17 Jahren in der Küche eines Spitzenrestaurants sammelte, waren nicht unbedingt dazu angetan, ihn für die Arbeit in der Weißen Brigade zu begeistern, erinnert er sich.

Vielleicht war es eine glückliche Fügung, dass er auf seiner nächsten Station – wieder nicht ganz freiwillig – erneut in der Küche einspringen musste. Sein damaliger Patron erkannte das in dem Jungen schlummernde Talent und verstand es, Ehrgeiz und Leidenschaft in ihm zu wecken.
„Von einem Tag auf den anderen wollte ich um keinen Preis der Welt mehr etwas anderes machen als kochen", sagt Taxacher heute.

Sieben Jahre ging er dann auf Grand Tour durch zahlreiche der ersten Häuser Österreichs, Deutschlands und der Schweiz. Doch so gerne Taxacher heute auch an diese Zeit zurückdenkt, sieht er sich nicht in erster Linie als Meisterschüler, sondern Taxacher ist eben Taxacher.

Die Realität des Familienbetriebs führte Simon zwischenzeitlich immer wieder zurück an den heimischen Herd, um auszuhelfen, wann immer sich in der Küche des Taxacherhofes eine Lücke auftat. Dabei brannte es dem Kocheleven jedes Mal unter den Fingernägeln, das auf den diversen Stationen erworbene Wissen endlich auch zu Hause umzusetzen. Das ging freilich nicht immer ganz ohne Konflikte ab. Bald aber wurden die ersten Stammgäste auf die Kochkünste des jungen Simon aufmerksam.

Freunde rieten deshalb, dem Sohn, nach dessen endgültiger Rückkehr nach Kirchberg, ein eigenes À-la-carte-Restaurant einzurichten. Simons Vater war klug genug, auf sie zu hören. So wurde an- und umgebaut und der erste Rosengarten öffnete im Jahr 2000 seine Pforten. Damals wurde Simon Taxacher im Service noch von seiner Schwester Christiane unterstützt.

Auf Anhieb war die Küche dem Gault Millau 14 Punkte (1 Haube) wert. Da war Taxacher gerade einmal 23 Jahre alt. Doch der frischgebackene Küchenchef wollte mehr. Ständig feilte er an der Karte und entwickelte neue Gerichte. Die Ansprüche an die Qualität der Produkte, der Mitarbeiter,

aber auch an sich selbst wuchsen. Parallel dazu ging es im Gault Millau jedes Jahr um einen Punkt auf aktuell 17 Punkte (3 Hauben) nach oben.

Schon nach drei Jahren passte das eher traditionelle Ambiente des gerade neu gebauten Restaurants nicht mehr zum dort präsentierten Küchenstil. Da Taxacher keine Kompromisse kennt, wurde kurzerhand beschlossen, das Restaurant nochmals in einen neu dafür errichteten Anbau zu verlegen: die heutige Restaurant-Lounge Rosengarten. Bei dieser Gelegenheit wurde auch die Küche vergrößert und auf den neuesten technischen Stand gebracht.

Da das Restaurant auf zwei Seiten voll verglast ist, bieten sich beim Dinieren herrliche Ausblicke auf die Bergkulisse. Besonders schön ist dies im Winter, wenn man die freie Sicht auf die flutlichterhellten Pisten in der Nähe genießen kann. Auf Knopfdruck öffnet sich zudem an der Stirnseite des Lokals ein Vorhang und gibt durch eine große Panoramascheibe den Blick ins Innere der Küche frei.

Im Dezember 2004 wurde der so neu konzipierte Rosengarten ein zweites Mal eröffnet. Rund 35 Gäste finden hier am Abend in modernem Lounge-Ambiente, das von warmen Farben und klaren Linien dominiert wird, in bequemen Sesseln Platz.

Das vielleicht größte Geschenk zum Umzug machte Taxacher aber der Guide Michelin, der zur Saison 2004 den ersten Stern über dem Rosengarten des inzwischen 27-jährigen Ausnahmetalents aufgehen ließ. Seit 2006 wird er im Guide Rouge außerdem als „Hoffnungsträger" gelistet, das heißt, Taxacher ist offizieller Anwärter auf den zweiten Stern.

Als wäre das nicht genug, gründete Taxacher 2004 mit drei weiteren Kollegen eine österreichische Sektion der ursprünglich 1974 in Frankreich entstandenen Jeunes Restaurateurs d'Europe, kurz JRE, einer europaweiten Vereinigung junger Köche. Bis heute ist er auch Präsident des österreichischen Kapitels.

Taxacher und seine Küche verkörpern dabei das Motto der JRE – Talent & Passion – in geradezu idealtypischer Weise.

Doch Simon Taxacher hat schon wieder neue Pläne. Bei nächster Gelegenheit sollen direkt hinter dem Restaurant mehrere luxuriöse Suiten entstehen und auch eine neuerliche Küchenerweiterung steht an.

Mit dem Neustart in der Restaurant-Lounge traten zwei weitere Protagonisten der Erfolgsstory Rosengarten auf den Plan. Zum einen Taxachers Lebensgefährtin Sandra Kobald, die am Abend die Gäste begrüßt und über die Reservierungen für das Gourmetrestaurant wacht. Zum anderen Restaurantleiter Roland Wallner, der über den imposanten Weinkeller mit mehr als 600 Positionen gebietet – den Schwerpunkt bilden hier österreichische und klassische französische Gewächse.

Kobald und Wallner bilden das Herzstück der insgesamt sechs Mitarbeiter umfassenden Schwarzen Brigade. Deren zurückhaltender, doch herzlicher Service steigert sich im Laufe eines Abends regelrecht zur Choreographie und wirkt dabei so natürlich, dass man sich auf Anhieb wohlfühlt. Ebenfalls sechs Mitarbeiter unterstützen Simon Taxacher in der Küche, allen voran Souschef David Senger.

Hierbei sind für Simon Taxacher Küche, Service und Ambiente absolut gleichberechtigte Elemente seines Restaurantkonzepts, das heißt alle unterliegen demselben bedingungslosen Qualitätsanspruch.

Deshalb hat Taxacher zum Beispiel einen Teil seines Gläsersortiments auf die exklusive Sommeliers-Serie von Riedel aus dem benachbarten Kufstein umgestellt. Gästen, die keinen Wein zum Essen genießen möchten, wird eine Saftbegleitung mit exklusiven Frucht- oder Gemüsesäften von Essig-

Guru Gegenbauer angeboten, die ein ebenso ungewöhnliches wie beeindruckendes Genusserlebnis bieten. Puristen schließlich haben die Wahl unter zwei Dutzend Sorten Mineralwasser. Aber auch Liebhaber von Obstbränden kommen im Rosengarten auf ihre Kosten – ein reichhaltigeres Sortiment an Destillaten aus dem Hause Rochelt, weltweit bekannter Tiroler Spitzenbrenner und Freund Taxachers, gibt es wohl in kaum einem anderen Restaurant der Welt, repräsentieren gleichzeitig aber nur einen Bruchteil der verfügbaren Digestifs. Das alles ist nicht Selbstzweck oder Effekthascherei, Taxacher will seinen Gästen schlicht das perfekte Genusserlebnis bieten.

Da der Rosengarten am Montag, dem klassischen Ruhetag der gehobenen Gastronomie, geöffnet hat, besuchen auch viele Kollegen gerne Simon Taxachers Restaurant.

Aber was zeichnet nun den Küchenstil von Simon Taxacher aus?

„Kompromisslos frankophil, klassisch modern aber ohne modernistische Gags", so charakterisiert der Gault Millau treffsicher die Philosophie Taxachers. Grundlage dafür ist neben der profunden, traditionellen Ausbildung vor allem seine souveräne Beherrschung technischer Fertigkeiten und ein schier grenzenloser Einfallsreichtum.

Nicht von ungefähr hat ein Journalist die Küche des Rosengartens mit einer Künstlerwerkstatt verglichen. Und tatsächlich: Wie ein Bildhauer eine Skulptur aus einem unbehauenen Marmorblock befreit, versteht es Taxacher, die Aromen und Texturen seiner stets erstklassigen Grundprodukte trennscharf herauszuarbeiten, um daraus harmonische Kreationen von geradezu ätherischer Leichtigkeit zu komponieren.

Seine besondere Spezialität aber sind Mehrfachvariationen, die sich wie ein roter Faden vom Küchengruß bis zum süßen Finale durch das Menü ziehen und technisch stets perfekt ausgeführt sind. Sie bieten dem Gaumen hochkonzentrierte Aromen, die wie in einem Crescendo aufeinander aufbauen. Das ist ganz große Kunst. Hierbei verzichtet Taxacher bewusst auf alles dekorative und geschmacklich irrelevante Beiwerk.

Besonders freut sich Taxacher, wenn Gäste sich für sein großes Degustationsmenü entscheiden. Aber natürlich kann man im Rosengarten auch à la carte speisen, doch wer das kompositorische Genie, das hinter Taxachers Speisefolgen steht, wirklich verstehen will, kommt an seinen Menüvorschlägen nicht vorbei.

Wie bei großer Musik erschließt sich die hinter der vordergründigen Gefälligkeit einzelner Geschmacksakkorde verborgen liegende Harmonie von Taxachers Kreationen nicht auf den ersten Bissen, sondern erst in der Kombination, Wiederholung und Rückschau. Aber anders als bei manchen Kollegen, die jedem Trend hinterherlaufen, braucht man für den Genuss eines Menüs aus der Küche von Simon Taxacher keine Gebrauchsanweisung.

Müsste man die Essenz von Taxachers Küchenphilosophie beschreiben, verfiele man vielleicht auf ein Zitat von Altmeister Eckart Witzigmann: „Das Produkt ist der Star." Und mit einem Augenzwinkern charakterisiert Taxacher sich deshalb auch selbst gerne als „a bisserl produktvarruckt".

„Für ein erstklassiges Produkt müssen viele Qualitätsfaktoren zusammenkommen", ist Taxacher überzeugt. Faire und transparente Produktionsbedingungen gehören für ihn ebenso dazu wie eine Orientierung an der Saison, traditionelle, handwerkliche Herstellungsmethoden und ein hohes Maß an Verantwortung beim Umgang mit der Ware, vor allem, wenn es um lebende Tiere geht: „Es ist doch klar, wenn es den Tieren nicht gut geht, dann taugen auch die Produkte nichts."

Die Voraussetzungen sind günstig, nirgendwo sonst in den Alpen ist die Dichte an Spitzenrestaurants und hervorragenden Gasthäusern so groß wie in der Region rund um Kitzbühel. „Deshalb haben wir hier eine hervorragende Infrastruktur und können bei Bedarf täglich frische Ware von

den besten Händlern beziehen", erklärt Taxacher. Nur im Winter, wenn die engen Straßen vereist sind, gibt es hin und wieder Probleme, „aber dann muss man halt auch mal improvisieren."

Vieles aus der Rosengarten-Küche kommt aber auch aus der nächsten Umgebung. „Natürlich kann die Topküche nicht auf internationale Luxus-Produkte verzichten", weiß Taxacher, „aber trotzdem sollten dabei die kulinarischen Schätze der Region nicht vergessen werden und vieles ist einfach nicht frischer zu bekommen als direkt vor der eigenen Haustür."

Taxacher liebt klare Ansagen, das gilt auch für die Speisekarte: Bresse-Poularden oder Dombes-Enten von Mieral, Hecht aus dem Attersee, Felsenrotbarben aus der Bretagne. Transparenz ist dem Küchenchef wichtig.

Er muss selbst ein wenig schmunzeln, als er erzählt, wie er einmal irrtümlich Zander aus dem Neusiedlersee auf die Speisekarte gesetzt hatte, obwohl der an diesem Tag aus der Havel kam: „Als ich den Irrtum bemerkt habe, bekam ich so ein schlechtes Gewissen, dass ich den Gästen sofort persönlich im Restaurant gebeichtet habe." Und das, obwohl die Gäste natürlich gar nichts bemerkt hatten. Aber absolute Ehrlichkeit ist für Simon Taxacher unverzichtbarer Bestandteil des Geschäfts.

Immer wieder stellt er durch seinen kompromisslosen Qualitätsanspruch auch die Geduld seiner Lieferanten auf eine harte Probe – kein Weg ist zu weit, keine Mühe zu groß auf der Jagd nach dem perfekten Produkt. Deshalb kümmert sich Taxacher um den Einkauf auch am liebsten selbst, das Delegieren fällt ihm schwer.

Alle paar Minuten klingelt in der Küche das Telefon und Taxacher verfällt dabei schnell in den Tiroler Dialekt: „Ausglöste Jakobsmuscheln, ja seids ihr jetzt deppert", faucht er in den Hörer, „entweder in der Scholen oder gor net und wehe ihr vergessts die Flusskrebse, dann ist der Deifel los, aber bayrische, den iranischen Mist könnts bholten."

Doch nicht immer ist der Umgangston so rau. „Lob und Tadel sind für mich zwei Seiten der gleichen Medaille", betont Taxacher gerne, „das gilt auch im Umgang mit meinen Mitarbeitern."

Und so herrscht in der Küche während der Mise en place am Vormittag meist eine entspannte Atmosphäre. Große Panoramascheiben geben auch hier den Blick auf die Kitzbüheler Alpen frei. Ein schöner Arbeitsplatz. Im Hintergrund läuft das Radio.

Von acht bis vier Uhr am Nachmittag geht die erste Schicht. Dann ist Pause. Spätestens um fünf sind alle wieder da und die Musik bleibt aus – ab jetzt herrscht konzentrierte Ruhe. Wenn gegen sieben Uhr der Service anläuft, muss jeder Handgriff sitzen. Wie ein geöltes Räderwerk greifen die einzelnen Stationen der Küche jetzt ineinander. Auf den großen Induktionsherden brodelt und brutzelt es in einem Dutzend mächtiger Suppentöpfe, Stielkasserollen und Pfannen, der Salamander glüht. Taxacher hat seine Augen überall, kurze Kommandos nach links und rechts genügen. Die größte Hektik herrscht am Pass. Kein Teller verlässt die Küche, der von Taxacher nicht akribisch begutachtet wurde. Um halb zwölf ist dann der größte Stress vorbei, nur bei der Patisserie brummt es noch. Langsam beginnt das große Aufräumen. Vor ein Uhr in der Früh kommt hier während des À-la-carte-Geschäfts keiner nach Hause – und das an sechs Tagen in der Woche.

„Natürlich fliegen in der Küche ab und zu mal die Fetzen, aber man muss auch schnell wieder runterkommen können, darf niemals nachtragend sein. Anders wäre eine so enge Zusammenarbeit, wie wir sie hier praktizieren, gar nicht vorstellbar. Wenn jemand einen Fehler macht, sprechen wir sofort darüber, aber spätestens, wenn der letzte Teller raus ist, ist alles vergessen und wir trinken zusammen ein Bier", gesteht Taxacher freimütig.

„Was wir in der Küche brauchen, sind Teamplayer mit Ausdauer, Selbstdisziplin und Ehrgeiz. Egoisten stehen auf verlorenem Posten. Und vor allem braucht es Liebe und Gefühl für das Produkt. Ob einer was kann, sehe ich schon daran, wie er ein Stück Fleisch anfasst, dazu braucht er noch nicht einmal das Messer in die Hand zu nehmen."

Anfangs sei es ihm schwer gefallen, Führungsstärke und Souveränität zu beweisen: „Ich war jünger als die meisten meiner Mitarbeiter und viele sind mir damals davongelaufen." Mittlerweile hat sich der Rosengarten im Kollegenkreis dagegen zu einem echten Geheimtipp bei der Suche nach hervorragend ausgebildeten Köchen entwickelt und Taxacher ist heute immer auf der Suche nach jungen Talenten.

Wer so viel leistet, ein 16- bis 18-Stunden-Tag ist die Regel, muss im Privatleben natürlich Abstriche machen. Meist bleibt Taxacher nur der Mittwoch, im Winter einziger Ruhetag im Rosengarten, um ein wenig zu entspannen. Doch Entspannung ist für Taxacher ohnehin ein Fremdwort, er kann kaum fünf Minuten ruhig sitzen, steht ständig unter Strom: „Früher habe ich viel Sport gemacht, vor allem Tennis und Skifahren, aber dazu habe ich heute leider kaum mehr Zeit. Außerdem ist es einfach zu gefährlich – wenn etwas passiert, steht der ganze Betrieb still."

Hat Taxacher Vorbilder? „Eigentlich nicht, aber es gibt natürlich Kollegen, die ich bewundere und zu denen ich besonders gerne selber zum Essen gehe – zum Beispiel Joachim Wissler, Jean-Georges Klein oder Philippe Rochat. Und auch was Ferran Adrià und Heston Blumenthal machen, finde ich einfach sensationell."

Dennoch sucht man aufgemotzte Kreationen der Molekularküche auf der Karte des Rosengartens vergebens. „Das passt nicht zu mir", sagt Taxacher und fährt fort: „Natürlich experimentiere auch ich ständig mit neuen Aromen und das Spiel mit verschiedenen Texturen gehört ohnehin zum Handwerk, aber ich denke, gute Produkte bringen von Haus aus so viel Potenzial mit, dass ich das auf keinen Fall durch Showeffekte verfälschen will. Neue Techniken müssen Sinn machen und dürfen kein bloßer Selbstzweck sein. Für mich hat Kochen immer etwas mit Genießen zu tun, ist niemals nur l'art pour l'art. Es geht mir vor allem darum, der klassischen Küche neue Dimensionen hinzuzufügen."

Dazu gehört auch, dass Taxacher verschiedene Produkte, die jahrzehntelang aus dem Produkt-kanon der Spitzenküche verbannt waren, mit seinen Kreationen wieder rehabilitiert – beispiels-weise das Schweinefleisch. Freilich in höchster Vollendung, wie beim Noir de Bigorre aus den Pyrenäen, das er in Salbeimilch pochiert, begleitet von einem saftigen Bauchstück, das mit der eigenen Kruste gratiniert wird.

Auch im ohnehin knapp bemessenen Urlaub stehen die Zeichen für Simon Taxacher nur selten auf Erholung. Stattdessen besucht er Spitzenrestaurants auf der ganzen Welt, um sich dort neue Inspira-tionen zu holen. Manchmal zwei am Tag. „Man muss einfach wissen, was die Kollegen machen, und darf nicht zu lange im eigenen Saft schmoren", ist seine feste Überzeugung. Daneben hat Taxacher eine mehr als 1000 Bände umfassende Kochbuchsammlung. Jeden Monat kommen fünf bis zehn neue Titel hinzu. In einem Skizzenbuch notiert er außerdem ständig neue Einfälle und Ideen.

„Ein Gericht entsteht bei mir im Kopf, nicht am Herd", sagt Taxacher. Ist so ein „imaginäres" Gericht dann zu Ende gedacht, zieht er sich alleine in die Küche zurück und experimentiert so lange, bis sich die Realität den Vorstellungen des Koches beugt – und das kann dauern. „Manch-mal geht das aber auch total schief", lacht Taxacher. Erst wenn er hundertprozentig zufrieden ist, stellt er das Ergebnis seinen Mitarbeitern vor. Gemeinsam wird dann entschieden, ob das neue Gericht auf die Karte kommt. Zweimal im Jahr entsteht so eine komplett neue Speisekarte.

Um dem Leser nun einen umfassenden Einblick in die Küchen- und Qualitätsphilosophie eines der besten Köche Österreichs zu vermitteln, ist der nachfolgende Rezeptteil wie der Spannungs-bogen eines Degustationsmenüs aufgebaut – vom Amuse bouche bis zu den Petit fours. Ergänzt werden die Rezeptblöcke durch kulinarische Reportagen, die einige der wichtigsten Lieferanten des Rosengartens und ihre Ausnahmeprodukte vorstellen.

Luxus

Chav-Jar – Kuchen der Freude nannte der altpersische Volksstamm der Khediven den Rogen des weiblichen Störs. Dieses Volk von Fischern siedelte an den Ufern des Kaspischen Meeres auf dem Territorium des heutigen Iran und noch heute kommt aus den tiefen und besonders sauberen Gewässern vor Irans Küste der beste Kaviar der Welt.

Nur die staatliche Kaviar-Flotte, die SHILAT, hat heute das Recht iranischen Kaviar zu verarbeiten und zu exportieren. Bis zum Zusammenbruch der Sowjetunion Anfang der 90er Jahre gab es auch dort ein staatliches Kaviarmonopol, das den Stör zuverlässig vor Überfischung schützte. In den neuen, unabhängigen GUS-Staaten blühte aber schnell ein unkontrollierter Schwarzhandel auf, der den Bestand der Störe in den letzten 15 Jahren dramatisch dezimiert hat. Dazu kommen die starke Umweltverschmutzung im russischen Teil des Kaspischen Meeres und die Verbauung der natürlichen Wanderwege des Störs in dessen Zuflüssen durch Dämme wie zum Beispiel in der Wolga.

Seit 1998 unterliegen deshalb alle Störarten dem Washingtoner Artenschutzabkommen CITES. Nur Kaviarchargen, die eine offizielle CITES-Banderole tragen und damit einen lückenlosen Herkunftsnachweis erlauben, dürfen offiziell noch verkauft werden. Dennoch stammen nach Schätzungen circa 80 Prozent der Ware auf dem Weltmarkt aus illegaler Raubfischerei.

Die SHILAT hat mittlerweile ein umfassendes Nachzuchtprogramm für bedrohte Störarten im Kaspischen Meer gestartet und setzt dort jährlich rund 30 Millionen Fingerlinge aus. Daneben wird weltweit in die kommerzielle Zucht von Kaviarstören investiert, um die Wildbestände zu entlasten. Mittlerweile übersteigt die Menge des jährlich produzierten Zuchtkaviars die aus Wildfängen bereits beträchtlich, bleibt qualitativ allerdings noch hinter dem Original zurück.

Die Fangperioden für Störe aus dem Kaspischen Meer liegen im Frühjahr und Spätherbst, wobei der Kaviar aus dem Frühjahrsfang allgemein als hochwertiger gilt. Gefangen werden die Störe

im Iran, wie seit Jahrhunderten, mit grobmaschigen Netzen, damit sich nur ausgewachsene Exemplare darin verfangen. Nach dem Einholen des Fangs werden die trächtigen Störweibchen betäubt, denn nur die Entnahme des Kaviars aus dem noch lebenden Fisch garantiert optimale Qualität. Dazu wird mit einem einzigen langen Schnitt der Bauchraum des Fischs geöffnet und der Kaviar vorsichtig herausgebrochen. Rund zehn bis zwölf Prozent des Gesamtgewichts kann der Kaviar bei einem Störweibchen ausmachen – bei den großen Exemplaren sind dies teilweise über 50 Kilogramm.

Nach der Entnahme selektiert der Kaviarmeister die Eier entsprechend ihrer Farbe, Größe, Reife und Güteklasse. Anschließend werden sie vorsichtig durch ein feines Sieb gestrichen, um sie zu entfetten und die Membran zu entfernen, die die wertvollen Eier schützend umhüllt. Dann wird der Kaviar mehrfach in klarem Wasser gewaschen, um alle Rückstände zu entfernen, anschließend sofort leicht gesalzen (russ. malossol) und in 1,8-Kilo-Dosen luftdicht versiegelt. Der gesamte Prozess darf nicht länger als 20 bis 30 Minuten dauern, da Kaviar sehr empfindlich auf den Luftsauerstoff reagiert.

Die Menge des zugegebenen Salzes, circa 25 bis 40 Gramm pro Kilo, ist nicht nur für den Geschmack von Bedeutung, sondern hat auch großen Einfluss auf die spätere Konsistenz des Kaviars. Die Abfüllung in handelsübliche Größen zwischen 30 und 500 Gramm erfolgt erst im Bestimmungsland.

Am bekanntesten ist der Kaviar vom Beluga-, Ossetra- und Sevruga-Stör. Kenner schätzen den extrem seltenen Beluga wegen seiner besonders großen hellgrauen Perlen mit bis zu 3,5 Millimeter Durchmesser, die von einer hauchzarten Haut umgeben sind. Im Geschmack des Beluga finden sich typische Meeresaromen.

Der silbergraue bis bräunliche Ossetra besticht durch sein unverwechselbares, feinnussiges Aroma, das die prallen Perlen beinahe explosionsartig am Gaumen freisetzen. Besonders gesucht

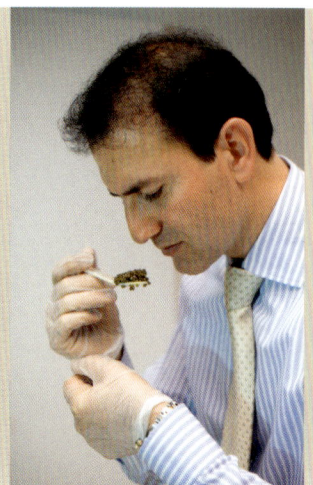

ist auch der Imperial Kaviar, eine zart gold- bis ambrafarbene Ossetra-Auslese besonders alter Tiere, mit einem Geschmack, der an Walnüsse und Sahne erinnert.

Sevruga stammt von einer der kleinsten Störarten, ist dunkel- bis stahlgrau, kleinperlig und besonders geschmacksintensiv.

Doch gleich welche Sorte: „Kaviar ist eine einzigartige Delikatesse, die man am besten pur mit einer Scheibe neutralem Weißbrot genießt", erklärt Reza Koroji, Geschäftsführer der Berliner Firma Imperial Caviar. Die hat sich auf den Handel mit Kaviar aus iranischen Wildfängen spezialisiert und ist exklusiver Lieferant des Rosengartens.

Akribisch werden die verschiedenen Sorten frischer Importware bei Imperial vor dem Abpacken auf Temperatur, Geruch, Textur und Aroma geprüft und nochmals nach feinsten Unterschieden der Geschmacks- und Farbnuancen klassifiziert. Neben höchster Qualität hat bei Imperial die Einhaltung der CITES-Bestimmungen oberste Priorität.

Bei einer professionellen Verkostung gibt man mit einem Perlmutt- oder Hornlöffel eine kleine Menge Kaviar auf den Handrücken zwischen Daumen und Zeigefinger, prüft zunächst Farbe und Geruch und leckt den Kaviar dann mit der Zunge ab. Sind die Kaviarperlen fest und bleibt auf der Haut weder Fischgeruch noch ein öliger Film zurück, hat der Kaviar die Prüfung bestanden.

Doch nicht nur der Rogen des Störs steht im Rosengarten auf der Karte. Unter den Händen Simon Taxachers und seines Teams entstehen auch aus seinem delikaten, festen weißen Fleisch so traumhafte Kompositionen wie Stör aus dem Hagebuttenrauch mit Apfel-Blutwurstcannelloni.

Damit die Störe immer lebendfrisch zur Verfügung stehen, hält Taxacher zusammen mit seinem Freund Thomas Stöckl immer einige Exemplare in einem kristallklaren Teich auf der rund 1470 Meter hoch gelegenen Ochsalm parat – darunter auch zwei Kaviar-Störe. Aber es dauert wohl noch ein paar Jahre, bis der erste Tiroler Kaviar im Rosengarten serviert werden kann.

Seeteufelleber
mit Moscatel glaciert

Petersiliencreme
und gehobelte Haselnüsse

Zubereitung

Seeteufelleber mit Moscatel glaciert Den Moscatel Superior Sherry in einer Kasserolle zusammen mit einem Thymianzweig leicht erhitzen. Das Öl zugeben und auf Zimmertemperatur bringen. Die Seeteufelleber mit Mineralwasser bedeckt 1 Tag gut wässern, dabei das Wasser einmal wechseln. Aus dem Wasser nehmen und die Adern entfernen. Mit dem reduzierten Moscatel glacieren. Mit Maldonsalz und Pfeffer würzen. Von einer Petersilienwurzel 4 hauchdünne Scheiben herunterschneiden. Den Rest zu Würfeln schneiden und in leicht gesalzenem Wasser mit dem Thymianzweig bissfest kochen. In Eiswasser abschrecken und mit der Haselnuss-Sherry-Vinaigrette marinieren. Petersilienstreifen zugeben. Eventuell nachwürzen.

Fertigstellung

Die glacierte Seeteufelleber zusammen mit der Petersiliencreme und dem Salat anrichten. Mit gehobelten, frischen Haselnüssen und Sultaninen servieren. Eventuell etwas Petersilienfond dazu reichen.

Seeteufelleber
mit Moscatel glaciert

4 cl	Moscatel Superior Sherry
2 cl	Haselnussöl
2	Thymianzweige
200 g	Seeteufelleber, 1 Tag in 1 l Mineralwasser gewässert
200 g	Petersilienwurzel, geschält
1 TL	Blattpetersilie, in feine Streifen geschnitten
	Maldonsalz
	Pfeffer aus der Mühle
1 TL	Haselnüsse, gehobelt
1 TL	Sultaninen

Petersiliencreme
Grundrezept auf Seite 217
Haselnuss-Sherry-Vinaigrette
Grundrezept auf Seite 206
Petersilienmatte/-fond
Grundrezept auf Seite 218

Jambon Noir de Bigorre
mit Steinpilzöl

Marinierter Borretsch

Zubereitung

Jambon Noir de Bigorre Das Rinderfilet in dünne Scheiben schneiden, mit einem Plattiereisen zwischen zwei Frischhaltefolien plattieren und zurechtschneiden. Mit Salz und Pfeffer würzen und in Steinpilzöl 2 Stunden einlegen. Die Steinpilze in Olivenöl braten. Salbei zugeben und mit Balsamico beträufeln. Mit Salz und Pfeffer würzen. Den Borretsch durch die Champagnervinaigrette ziehen.

Steinpilztatar Für das Tatar die Steinpilze klein schneiden und mit den Schalotten in Olivenöl anrösten. Mit dem Sherry und der Champagnervinaigrette ablösen. Kräuter, Tomatenwürfel und Balsamico zugeben und warm stellen. Eventuell mit Salz und Pfeffer nachwürzen.

Fertigstellung

Das Rinderfilet aus dem Öl nehmen und mit Jambon, Steinpilzen und Borretsch anrichten. Das Tatar mit weiteren Jambonscheiben anlegen. Mit dem Steinpilzöl beträufeln. 4 hauchdünn geschnittene Schwarzbrotscheiben in ein wenig Olivenöl frittieren und dazu servieren.

Jambon Noir de Bigorre

8 Scheiben	Jambon Noir de Bigorre, hauchdünn geschnitten
130 g	Rinderfilet bester Qualität, zugeputzt
8	kleine Steinpilze, geputzt und halbiert
1	Salbeiblatt, klein geschnitten
1 Spritzer	25 Jahre alter Balsamico
12 Spitzen	Borretsch
2 EL	Champagnervinaigrette (Grundrezept auf Seite 206) Salz, schwarzer Pfeffer und Koriander aus der Mühle Olivenöl

Steinpilztatar

120 g	Steinpilze
1	Schalotte, fein gewürfelt
2 cl	Sherry medium
2 EL	Champagnervinaigrette (Grundrezept auf Seite 206)
1	Salbeiblatt, fein geschnitten
1 EL	Basilikum, frisch geschnitten
1 EL	Tomatenconcassé
1 Spritzer	25 Jahre alter Balsamico Salz und schwarzer Pfeffer aus der Mühle

Steinpilzöl

Grundrezept auf Seite 207

Coquille St. Jacques und Salzwassergarnele

Williams-Christ-Birnenchutney

Zubereitung

Coquille und Salzwassergarnele Die Salzwassergarnelen bis auf den Schwanzteil aus der Schale lösen, den Darm entfernen und die Garnele der Länge nach halbieren. 2 Garnelen komplett schälen und klein würfeln. Die Muscheln aus der Schale lösen und sauber zuputzen. Eine Coquille in feine Scheiben schneiden. Die Garnelenwürfel mit Currykraut, Limonensaft, Salz, Pfeffer, Curryöl und Birnenchutney vermengen. Eine halbe Stunde gekühlt marinieren lassen. 4 Prosciuttoscheiben der Länge nach in 5 und die Birne in 4 hauchdünne, gleich große Scheiben schneiden und jeweils eine Scheibe Prosciutto auf eine Scheibe Birne legen. Eine Scheibe Prosciutto fein würfeln, kurz anrösten und in das Garnelentatar einarbeiten. Das Tatar auf den Prosciuttoscheiben verteilen und jeweils einrollen. Mit Curryöl einstreichen. Je 2 Jakobsmuschelscheiben mit Maldonsalz würzen und auf die Rollen legen. Den Kaviar darauf verteilen.
Die restlichen Garnelen in die übrigen 2 Prosciuttoscheiben einwickeln. Die Coquilles ebenso wie die Garnelen in einer Pfanne mit Butter und Olivenöl scharf anbraten und 2 Minuten ziehen lassen. Mit Salz und Pfeffer würzen.

Fertigstellung

Die Garnelenröllchen zusammen mit der gebratenen Garnele auf Williams-Christ-Birnenchutney betten. Die gebratenen Coquilles St. Jacques sowie etwas Curryöl und -kraut dazugeben.

Coquille und Salzwassergarnele

4	Salzwassergarnelen à 200 g
5	Coquilles, ausgebrochen
1	kleine Williams-Christ-Birne
7	Scheiben Prosciutto
1 TL	Currykraut, gehackt etwas Limonensaft
1 TL	Curryöl (Grundrezept auf Seite 206)
1 EL	Williams-Christ-Birnenchutney (Grundrezept auf Seite 222) Salz, weißer Pfeffer aus der Mühle
40 g	Imperial Kaviar Maldonsalz Butter und Olivenöl zum Braten

Williams-Christ-Birnenchutney
Grundrezept auf Seite 222
Curryöl
Grundrezept auf Seite 206

Croustillant vom Langostino mit Imperial Kaviar

Artischocken-Nuss-Salat

Zubereitung

Mousse und Croustillant vom Langostino Die Langostinos aus den Schalen brechen. 12 davon beiseitegeben und kalt stellen, die übrigen zusammen mit den Schalotten in wenig Olivenöl farblos anschwitzen. Je 1 Thymian- und Korianderzweig sowie Sternanis zugeben und mit Portwein und Cognac ablöschen. Mit 1 Liter Krustentierfond auffüllen und langsam zur Hälfte einreduzieren lassen. 100 Milliliter Sahne zugeben, Kräuter und Sternanis herausnehmen und fein durchmixen. Durch ein Sieb passieren und die eingeweichte, gut ausgedrückte Gelatine einrühren. Mit Salz, Cayennepfeffer und Zitronensaft abschmecken. Auskühlen lassen. Die restlichen 100 Milliliter Sahne schlagen und vorsichtig unterheben. Die Mousse auf ein mit Frischhaltefolie ausgekleidetes Blech 1,5 Zentimeter dick auftragen und fest werden lassen. Mit einem Ausstecher (6 Zentimeter Durchmesser) 4 Kreise ausstechen. Den restlichen Krustentierfond mit 1 Korianderzweig auf 400 Milliliter reduzieren lassen. Einen Schuss Cognac zugeben und die eingeweichte, ausgedrückte Gelatine einrühren. Mit Salz und Cayennepfeffer abschmecken, durch ein Sieb gießen. Einen Ausstecher (6,5 Zentimeter Durchmesser) mit Tortenrandfolie auskleiden und so über die ausgestochene Mousse stülpen, dass auf allen Seiten gleich viel Abstand bleibt. Nun den leicht gelierten Krustentierfond um die Mousse gießen. Zugedeckt 24 Stunden durchkühlen lassen.

4 Langostinos in feine Würfel schneiden, mit Salz, Pfeffer, Limonenöl und fein geschnittenem Koriander marinieren und auf die Mousse im Ring verteilen. Aus 4 weiteren Langostinos jeweils feine Scheiben schneiden, mit Salz, Pfeffer und Limonenöl würzen. Schichtweise mit Ofentomaten zu einem Türmchen schichten. Dieses in die Mitte der Törtchen setzen.
Die 4 letzten Langostinos leicht anfrieren, durch das Eiweiß ziehen und mit den Kartoffelstreifen dünn umwickeln. In 170 °C heißem Fett goldgelb ausbacken. Abtropfen lassen und mit Salz würzen.

Fertigstellung

Die Törtchen aus den Formen nehmen und mit je 10 Gramm Kaviar ausgarnieren. Je ein Croustillant und den Artischocken-Nuss-Salat dazugeben. Eventuell etwas reduzierten Krustentierfond rundherum ziehen.

Mousse und Croustillant vom Langostino
(24 Stunden gekühlt)

20	frische Langostinos
2	Schalotten, geschält und klein geschnitten
1	Thymianzweig
2	Korianderzweige
1	Sternanis
4 cl	weißer Portwein
2 cl	Cognac
	Olivenöl zum Abbraten
1,7 l	Krustentierfond (Grundrezept auf Seite 210)
200 ml	Sahne
5 ½	Blatt Gelatine für die Mousse
4 ½	Blatt Gelatine für den Gelee
	Salz
	Cayennepfeffer
	Zitronensaft
1 TL	Korianderblätter, fein geschnitten
1 EL	Limonenöl (Grundrezept auf Seite 207)
12	Zungen von getrockneten Ofentomaten (Grundrezept auf Seite 215)
1	mehlige Kartoffel, in feine Streifen geschnitten
1	Eiweiß, leicht angeschlagen
40 g	Imperial Kaviar

Artischocken-Nuss-Salat
Grundrezept auf Seite 213

Mild angeräuchertes Milchlammfilet

Granny-Smith-Gänseleberterrine

Zubereitung

Angeräucherter Milchlammrücken Vom Milchlammrücken 2 Filets herunterlösen und sauber putzen. Die Milchlammfilets im vorbereiteten Räucherofen circa 3 Minuten anräuchern. Mit Salz und Pfeffer würzen und in Olivenöl und Butter rundherum anbraten. Die Kräuter zugeben und immer wieder übergießen. Anschließend bei 160 °C etwa 2 Minuten im Ofen rosa garen, rasten lassen. Der Länge nach feine Scheiben herunterschneiden.

Granny-Smith-Gänseleberterrine Den Lammfond erwärmen und mit dem Sherry parfümieren. Die Gelatine ausdrücken und in den Fond einrühren. Mit Salz und Pfeffer kräftig würzen. 250 Milliliter des Gelees beiseitestellen, das übrige Gelee ebenfalls kalt werden lassen. In der Zwischenzeit eine Frischhaltefolie für die Terrinenform leicht überlappend zurechtschneiden und auf ein Backblech geben. Diese mit dem erkalteten, leicht gelierten Fond überziehen. Nun alles kalt stellen und danach vorsichtig in die Terrinenform einsetzen.

Granny-Smith-Mousse Für das Granny-Smith-Mousse die Äpfel schälen, entkernen und klein schneiden. Einige Scheiben für die Garnitur zurückhalten. Die Schalen der Äpfel beiseitestellen. Den Zucker hell karamellisieren, die Äpfel zugeben und mit Calvados ablöschen. Mit Geflügelfond auffüllen. Das Bohnenkraut zugeben und die Äpfel zu Püree verkochen. Das Bohnenkraut herausnehmen und das Püree durch ein feines Sieb passieren. Die eingeweichte, ausgedrückte Gelatine im warmen Apfelpüree einrühren. Mit Salz, Cayennepfeffer und Limonensaft würzen. Bis kurz vor dem vollständigen Gelieren auskühlen lassen. Nun die geschlagene Sahne vorsichtig unterheben. Nochmals mit einem Schuss Calvados verfeinern.

Die Gänseleberterrine auf die Terrinenform zuschneiden und abwechselnd mit der Apfelmousse und dem Trüffel bis 2 Millimeter unter den Rand einfüllen. Bitte beachten Sie, dass nach jeder Schicht die Terrine durchgekühlt werden muss. Mit dem beiseitegestellten Gelee die Terrine auffüllen. Die Terrine 24 Stunden durchkühlen lassen.
Die grünen Apfelschalen zusammen mit der Petersilie und der flüssigen Butter in der Moulinette sehr fein mixen. Diese grüne Apfelbutter eventuell durch ein Sieb passieren und kalt stellen.

Fertigstellung

Die Terrine aufschneiden und zusammen mit den Milchlammrückenscheiben auf einem Teller platzieren. Dazu kann man roh marinierte Gänseleberscheiben und einen Salat aus Bohnen, Artischocken und frischen Morcheln reichen. Mit der Apfel-Balsam-Reduktion und feinen Apfelscheiben garnieren.

Angeräucherter Milchlammrücken

1	Milchlammrücken
	Rosmarin und Thymian zum Braten
	Salz und schwarzer Pfeffer aus der Mühle
	Olivenöl und Butter zum Braten

Granny-Smith-Gänseleberterrine
(24 Stunden kühl gestellt)

600 ml	Lammfond (Grundrezept auf Seite 210)
2 cl	Sherry
6 ½	Blätter eingeweichte Gelatine

Granny-Smith-Mousse

60 g	Zucker
300 g	Äpfel (Granny Smith)
100 ml	Calvados
250 ml	Geflügelfond (Grundrezept auf Seite 208)
1	Bohnenkrautzweig
8 Blatt	Petersilie
70 g	Butter, flüssig
3 ½	Blätter Gelatine
150 ml	Sahne, geschlagen
	Saft von einer ½ Limone
	Salz, Cayennepfeffer
300 g	Gänseleberterrine (Grundrezept auf Seite 220)
1 Knolle	Périgord-Trüffel, ca. 60 g, in feine Scheiben gehobelt
1	rechteckige Terrinenform (1 l Volumen)

Zum Räuchern
Grundrezept auf Seite 221
Apfel-Balsam-Reduktion
Grundrezept auf Seite 208

Marinierte Gänsestopfleber
mit Zartbitterschokolade
Banyulsgelee

Zubereitung

Banyulsgelee 900 Gramm der gewaschenen und gerebelten Weintrauben im Honig kurz karamellisieren. Mit Rotwein ablöschen und auf die Hälfte reduzieren. Den Traubensaft und den Banyuls zugeben und 15 Minuten ziehen lassen. Den Traubensud durch ein feines Sieb drücken, 100 Milliliter davon beiseitestellen. Im warmen Traubensud die eingeweichte, gut ausgedrückte Gelatine auflösen, auskühlen lassen. Die restlichen 100 Gramm Weintrauben im kochenden Wasser blanchieren und abschrecken. Die Haut abziehen, halbieren und die Kerne herausnehmen. Den beiseitegestellten Traubensud mit wenig Speisestärke leicht abbinden und auskühlen lassen. Die Traubenhälften in den Sud einlegen.

Marinierte Gänsestopfleber Ein Backblech mit Frischhaltefolie auskleiden und die Gänseleberterrine hauchdünn und gleichmäßig auftragen. Mit einem Ausstecher von 4,5 Zentimetern Durchmesser 12 Scheiben ausstechen. Die übrig gebliebene Gänseleber kalt stellen. 4 Scheiben Gänseleberterrine mit temperierter Schokolade hauchdünn bestreichen, 4 Scheiben mit einer Schicht Trüffel belegen und 4 Scheiben bleiben natur. Nun werden die Scheiben aufeinandergesetzt. Die oberste Schicht ist die naturbelassene. Einen Ausstecher von 5 Zentimetern Durchmesser mit Tortenrandfolie auskleiden und über die Gänselebertürmchen stülpen, sodass auf allen Seiten gleich viel Abstand ist. Nun das leicht gelierte Banyulsgelee um und über das Türmchen gießen. Zugedeckt 24 Stunden durchkühlen lassen.

Fertigstellung

Aus dem Gänselebertürmchen ein Stück herausschneiden. Auf einem Teller beide Stücke der Gänseleber platzieren. Die Crème brûlée dazugeben und mit dem Weintraubenkompott garnieren. Dazu reicht man am besten ein Stück Brioche.

Banyulsgelee
- 2 EL Honig
- 100 ml kräftiger Rotwein
- 1 kg blaue Trauben
- 300 ml roter Traubensaft
- 300 ml Banyuls (Süßwein aus Frankreich, Anbaugebiet Languedoc Roussillon)
- 5 ½ Blatt Gelatine
  Speisestärke zum Abbinden

Marinierte Gänsestopfleber
(24 Stunden kühl gestellt)
- 300 g Gänseleberterrine (Grundrezept auf Seite 220)
- 20 g Zartbitterschokolade, temperiert
- 20 g Périgord-Trüffel, in feine Scheiben gehobelt

Gänseleber-Crème-brûlée
Grundrezept auf Seite 220

Für die Garnitur
Weintraubenkompott

Gelierter Kalbskopf
mit gebratenem Kopfsalat
Flusskrebse
und Kalbskopfravioli

Zubereitung

Kalbskopf Den Kalbskopf mit der Zunge 7 bis 8 Stunden in kaltem Wasser gut wässern. Kalbs-kopf und Zunge mit dem Gemüse, Weißwein, Suppengrün, den Gewürzen und dem Thymian in ei-nem Topf mit 5 Liter leicht gesalzenem Wasser langsam aufkochen und circa 2 bis 3 Stunden weich garen, etwas mehr als bissfest. Eine Terrinenform mit Frischhaltefolie auskleiden. 100 Gramm vom Kalbskopf beiseitegeben und den restlichen in Würfel schneiden, ebenso die halbe, enthäu-tete Kalbszunge würfeln. Beides miteinander vermengen, in die Form pressen und beschwert durchkühlen lassen. Aus der Form nehmen, dünn aufschneiden und auf einen Teller legen. Mit Salz, Pfeffer und Koriander würzen. Kurz unter dem Salamander erwärmen.

Flusskrebse Die Krebse in kochendem Wasser mit Koriander und Salz 30 Sekunden kochen. In Eiswasser abschrecken. Die Krebse ausbrechen und bis zur Weiterverarbeitung kalt stellen. Den Sud beiseitestellen.

Gebratener Kopfsalat Die Karotten- und Selleriewürfel separat in Salzwasser kochen und kalt abschrecken. Den in 4 Teile geschnittenen Kopfsalat waschen und trocken tupfen. In einer Pfan-ne Olivenöl erhitzen und die Butter aufschäumen, den Salat darin anbraten. Die Gemüsewürfel dazugeben, mit Kalbskopffond ablöschen. Champagneressig und etwas Olivenöl zugeben. Mit Salz und Pfeffer würzen.

Fertigstellung

Die erwärmten Kalbskopfscheiben mit der Kartoffel-Liebstöckel-Marinade überziehen. Den Kopf-salat darauf anrichten. Die Ravioli in etwas Kalbssauce glacieren, seitlich anlegen und die im Sud erwärmten Flusskrebse anlegen. Die restliche Marinade separat dazu reichen. Eventuell mit Kartoffelspiralen oder Kartoffelchips ausgarnieren.

Kalbskopf
- ½ Kalbskopfmaske mit Wange, sauber zugeputzt (beim Metzger vorbestellen)
- 1 Kalbszunge
- 2 Karotten, gewaschen und klein geschnitten
- 1 Lauchstange, gewaschen und klein geschnitten
- 1 kleine Sellerieknolle, gewaschen und klein geschnitten
- 250 ml Riesling
- 10 weiße Pfefferkörner
- je 1 Blattpetersilien- und Liebstöckelzweig
- 1 frisches Lorbeerblatt
- 2 Thymianzweige
- Salz, Pfeffer und Koriander aus der Mühle

Flusskrebse
- 8 lebende Flusskrebse (im Bild Bayerische Edelkrebse)
- ½ Mokkalöffel Koriander
- 1 TL Salz

Gebratener Kopfsalat
- 1 Kopfsalatherz, in 4 Teile geschnitten
- je 15 g Karotte und Sellerie, geschält und in sehr feine Würfel geschnitten
- Butter und Olivenöl zum Anbraten
- 20 ml Kalbskopffond (entsteht bei der Zubereitung des Kalbskopfs)
- Salz und Pfeffer
- 1 TL Champagneressig

Kartoffel-Liebstöckel-Marinade
Grundrezept auf Seite 207
Kalbskopfravioli
Grundrezept auf Seite 216

Kaninchen und Wildkaninchen, geliert mit Guacamole

Zubereitung

Geschmorte Wildkaninchenkeule Die Wildkaninchenkeule würzen und in einem Topf mit wenig Butterschmalz rundherum kräftig anbraten, herausnehmen. Das Gemüse und den Bauchspeck im gleichen Topf anbraten. Die geschälten Tomaten und das Tomatenmark zugeben und kurz mitrösten. Mit Estragonessig und Rotwein ablöschen. Knoblauch, Kräuter und Gewürze zugeben. Die Keulen auf das Schmorgemüse setzen und mit der Hälfte des Geflügelfonds auffüllen. Im vorgeheizten Backofen bei 140 °C circa 4 bis 4,5 Stunden langsam weich schmoren. Immer wieder drehen und mit dem Schmorfond übergießen. Im letzten Drittel der Garzeit die Keulen mit Butterpapier abdecken. Nach der Garzeit die Keulen aus dem Fond nehmen und in Alufolie einwickeln. Den Schmorfond mit dem restlichen Geflügelfond auffüllen, durch ein feines Sieb drücken und auf 150 Milliliter reduzieren. Mit der Butter aufmontieren, eventuell mit Salz und Pfeffer würzen. Die Keulen in der Schmorsauce erwärmen.

Kaninchenroulade Die Kaninchenfilets der Länge nach einschneiden (Schmetterlingsschnitt) und zwischen zwei Frischhaltefolien leicht überlappend plattieren. Mit Pfeffer würzen und mit den Prosciuttoscheiben und dem blanchierten Spinat belegen. Das Wildkaninchenfilet darauflegen und mit der Frischhaltefolie straff einrollen. Den Geflügelfond auf 65 °C erhitzen und die Rolle in der Folie 10 Minuten pochieren. Herausnehmen und in Alufolie einwickeln, 5 Minuten rasten lassen. Aus der Folie nehmen und in Tranchen schneiden. Mit Maldonsalz würzen.

Die Kaninchenleber von beiden Seiten in Olivenöl scharf anbraten, mit einem Rosmarinzweig in der warmen Pfanne ziehen lassen. Mit Salz und Pfeffer würzen.

Fertigstellung

Die Kaninchenroulade auf der Sulze anrichten. Die Guacamole mit je einem Avocado-Prosciutto-Würfel und der Leber anlegen und die Keule mit der Sauce überziehen. Eventuell mit Friséesalat und Koriander ausgarnieren.

Geschmorte Wildkaninchenkeule

4	Wildkaninchenkeulen
40 g	Zwiebeln, geschält und klein geschnitten
je 40 g	Lauch, Karotten und Sellerie, gewaschen und klein geschnitten
4	Scheiben Bauchspeck
40 g	geschälte Tomaten aus der Dose
1 EL	Tomatenmark
50 ml	Estragonessig
100 ml	kräftiger Rotwein
320 ml	Geflügelfond (Grundrezept auf Seite 208)
1	Knoblauchzehe, zerdrückt
5 g	frischer Pfeffer an der Rispe
2	frische Lorbeerblätter
2	Wacholderbeeren
1	Korianderzweig Butterschmalz zum Anbraten
30 g	Butter zum Aufmontieren Salz, schwarzer Pfeffer aus der Mühle

Kaninchenroulade

4	Kaninchenfilets, zugeputzt
1	Wildkaninchenfilet, zugeputzt
4	große Spinatblätter, blanchiert
4	Scheiben Prosciutto Maldonsalz, schwarzer Pfeffer aus der Mühle
500 ml	Geflügelfond (Grundrezept auf Seite 208)
1	Kaninchenleber
1	Rosmarinzweig
2 EL	Olivenöl

Kaninchensulze
Grundrezept auf Seite 221
Guacamole
Grundrezept auf Seite 220

Lauwarm marinierte Belon-Austern und Pétoncle

Geschmorter Kopfsalat und Imperial Kaviar

Zubereitung

Belon-Auster und Pétoncle Die Austern aufbrechen, gut säubern, den Saft auffangen und durch ein Sieb gießen. Die Pétoncle ebenfalls ausbrechen, die Bärte entfernen und gut waschen. Mit Salz und Pfeffer würzen. Die Austern im Austernfond einige Sekunden pochieren. Herausnehmen und mit der Austernmarinade bepinseln. Den Fischfond mit den Gewürzen erhitzen und den Eissalat zusammen mit den Pétoncle circa 1 bis 2 Minuten andämpfen. Den Eissalat mit der Champagnervinaigrette marinieren, die Pétoncle mit der Fischmarinade bepinseln.
Den Blätterteig hauchdünn ausrollen und beschwert im Backofen goldgelb herausbacken. Feine Streifen herausschneiden. Crème fraîche und Sauerrahm miteinander verrühren und leicht mit Pfeffer würzen. Auf die Blätterteigstreifen verteilen und den Kaviar daraufgeben.

Ei-Tomaten-Salat Alle Zutaten vermengen und mit Salz und Pfeffer nachwürzen.

Fertigstellung

Je 1 Auster in der Schale mit dem geschmorten Eissalat und der Kopfsalatvelouté servieren. Der Rest wird auf einem Teller verteilt. Ei-Tomaten-Salat sowie den Imperial Caviar auf Blätterteig dazu reichen. Mit feinem Dill ausgarnieren.

Belon-Auster und Pétoncle

12	Belon-Austern
8	Pétoncle (frz. Kammmuscheln)
	Saft von den Austern
2 EL	Austernmarinade (Grundrezept auf Seite 206)
16	Spitzen Eissalat
100 ml	Champagnervinaigrette (Grundrezept auf Seite 206)
3 EL	Olivenöl
125 ml	Fischfond (Grundrezept auf Seite 208)
1	Lorbeerblatt
2	Wacholderbeeren
80 g	Imperial Kaviar
50 g	Blätterteig
je 1 EL	Sauerrahm und Crème fraîche
	Salz, weißer Pfeffer aus der Mühle

Ei-Tomaten-Salat

1	hartgekochtes Eiweiß, in feine Würfel geschnitten
1 EL	Tomatenconcassé
1 EL	Schnittlauch, fein geschnitten
½ EL	Estragon, fein geschnitten
100 ml	Champagnervinaigrette (Grundrezept auf Seite 206)
	Meersalz, weißer Pfeffer aus der Mühle
	Zitronensaft

Kopfsalatvelouté
Grundrezept auf Seite 209

Tarte von der Entenstopfleber und Spargel

Lackierte Wachtel

Zubereitung (Kühlzeit: 24 Stunden)

Tarte von der Entenstopfleber und Spargel Die Wachtelconsommé erwärmen und mit dem Sherry parfümieren. Die Gelatine ausdrücken und in die Consommé einrühren. Mit Salz und Pfeffer kräftig würzen. Eine Frischhaltefolie für die Terrinenform zurechtschneiden und damit auslegen. Den Blätterteig hauchdünn ausrollen, zwischen 2 Backpapierbögen legen, beschweren und bei 180 °C goldbraun backen.

Für die Spargelmousse den Zucker hell karamellisieren, die Schalotten und den klein geschnittenen Spargel zugeben und mit Portwein ablöschen. Mit Geflügelfond auffüllen. Den Thymian zugeben und den Spargel zu Püree verkochen. Den Thymian herausnehmen und das Püree mixen und durch ein feines Sieb passieren. Die eingeweichte, ausgedrückte Gelatine in das warme Spargelpüree einrühren und das Püree mit Salz, Cayennepfeffer und Orangensaft würzen. Bis kurz vor dem Gelieren auskühlen lassen. Nun die geschlagene Sahne vorsichtig unterheben. Nochmals mit einem Schuss Portwein verfeinern.

Die Entenstopfleberterrine auf die Terrinenform zuschneiden und in die Form drücken. Mit dem leicht gelierten Wachtelgelee überziehen und fest werden lassen. Nun die Spargelmousse darübergießen und wiederum fest werden lassen. Zum Schluss wieder mit dem Wachtelgelee übergießen. Die Terrine 24 Stunden durchkühlen lassen. Dann vorsichtig aus der Form heben und 4 Rechtecke (6 x 3 Zentimeter) herunterschneiden. Ebenso den Blätterteig zuschneiden und die Terrinenstücke daraufgeben.

Lackierte Wachtel Die Wachtelbrüste hautseitig kräftig abbraten. Im Backofen bei 150 °C 2 Minuten garen. Danach weitere 5 Minuten rasten lassen. Mit Salz und Pfeffer würzen. Für den Lack alle Zutaten vermengen und sirupartig einkochen lassen. Nun die Wachtelbrüste darin wenden.

Spargel-Orangen-Salat Für den Salat den Spargel der Länge nach in feine Streifen schneiden. Die Orangenfilets und den wilden Spargel zugeben und mit dem Orangensaft und der Champagnervinaigrette marinieren.

Fertigstellung

Die Terrine zusammen mit der glacierten Wachtelbrust und Spargel-Orangen-Salat auf einem Teller platzieren. Mit Orangenöl und dem Lack vollenden.

Tarte von der Entenstopfleber und Spargel

400 ml	Wachtelconsommé (Rezept auf Seite 59)
2 cl	Sherry
4	Blätter eingeweichte Gelatine
1	Terrinenform, rechteckig (1 l Volumen)

Spargelmousse

60 g	Zucker
300 g	weißer Spargel, geschält
4	große Schalotten
1	Thymianzweig
250 ml	Geflügelfond (Grundrezept auf Seite 208)
80 ml	weißer Portwein
3 ½	Blätter Gelatine
150 g	Sahne, geschlagen
	Saft von ½ Orange
	Salz, Cayennepfeffer
300 g	Entenstopfleberterrine (Grundrezept auf Seite 220)
200 g	Blätterteig (Grundrezept auf Seite 223)

Lackierte Wachtel

4	Wachtelbrüste
100 ml	alter Balsamico
½ TL	Honig
	Saft von ½ Orange
5 ml	Ingwersirup
1	Thymianzweig
	schwarzer Pfeffer aus der Mühle

Spargel-Orangen-Salat

1	Spargel, geschält und gekocht
8	wilde Spargel, geschält und gekocht
8	Orangenfilets
	Saft von ½ Orange
2 EL	Champagnervinaigrette (Grundrezept auf Seite 206)

Orangenöl

Grundrezept auf Seite 207

Topinambur-Bärlauch-
Schaumsuppe

Tomaten-Krustentier-Essenz
mit mariniertem Hummer

Wachtelconsommé
mit Spargelschaum

Velouté von Auster
und Nussbutter

Topinambur-Bärlauch-Schaumsuppe

Topinambur-Bärlauch-Schaumsuppe

60 g	Butter
3 EL	Olivenöl
90 g	Schalotten, geschält und fein geschnitten
50 g	Bauchspeck
2	Zitronenthymianzweige
50 ml	Noilly Prat
60 ml	Riesling
380 g	Topinambur, gewaschen, geschält und klein geschnitten
1,2 l	Geflügelfond (Grundrezept auf Seite 208)
280 g	Bärlauch, gewaschen und klein geschnitten
125 ml	Sahne
1 EL	Crème double
	Salz, Cayennepfeffer, Limonensaft

Zubereitung

Topinambur-Bärlauch-Schaumsuppe Die Butter und das Olivenöl in einem Topf erhitzen. Den Speck, Schalotten und Zitronenthymian zugeben und leicht anschwitzen. Mit Noilly Prat und Riesling ablöschen. Die Topinamburen zugeben und mit dem Geflügelfond auffüllen. Die Topinamburen weich kochen, Bärlauch zugeben und kurz aufkochen. Den Speck und den Zitronenthymian entfernen. Mit dem Mixstab pürieren, durch ein feines Sieb gießen. Sahne zugeben und auf ein Drittel einreduzieren lassen. Mit Salz, Cayennepfeffer und Limonensaft abschmecken. Crème double zugeben und aufschäumen. Eventuell mit gebackenem Bärlauchstroh servieren.

Tomaten-Krustentier-Essenz mit mariniertem Hummer

Tomaten-Krustentier-Essenz

60 g	Butter
3 EL	Olivenöl
90 g	Schalotten, geschält und fein geschnitten
50 g	Champignons
80 g	Staudensellerie, gewürfelt
2	Zitronenverbenezweige
100 g	Tomaten von der Rispe, fein geschnitten
3 EL	Tomatenmark
2 cl	weißer Balsamico
50 ml	Pernod
50 ml	Noilly Prat
2 l	Krustentierfond (Grundrezept auf Seite 210)
1	Sternanis
2	Nelken
	Salz, Cayennepfeffer, Limonensaft

Zum Klären:

100 g	Geflügelfleisch
100 g	Zanderfilet, ohne Haut und Gräten
je 70 g	Karotten, Lauch, Staudensellerie
1	kleines Bund Dill
1 EL	Tomatenmark
100 g	Eiweiß
200 g	Eiswürfel

Zubereitung

Tomaten-Krustentier-Essenz Die Butter und das Olivenöl in einem Topf erhitzen. Die Schalotten, Champignons, Staudensellerie, Zitronenverbene, Tomaten und Tomatenmark zugeben und leicht anschwitzen. Mit Balsamico, Pernod und Noilly Prat ablöschen. Mit dem Krustentierfond auffüllen und die Gewürze zugeben. 20 Minuten ziehen lassen und kalt stellen. Geflügel und Fischfleisch durch den Fleischwolf drehen und mit dem grob geschnittenen Dill und dem Gemüse vermengen. Tomatenmark, Eiweiß und Eiswürfel unter die Masse heben. Unter die kalte Suppe mengen und langsam aufkochen lassen. Immer wieder vorsichtig umrühren. 1 Stunde ziehen lassen. Durch ein Passiertuch gießen und mit Salz und Limonensaft abschmecken. Eventuell mit Krustentieren servieren.
Im Bild: gebeizter Hummer auf Tomatenbrot

Wachtelconsommé mit Spargelschaum

Zubereitung

Wachtelconsommé mit Spargelschaum Die Butter und das Olivenöl in einem Topf erhitzen. Die Schalotten, Champignons, Staudensellerie und Rosmarin zugeben und leicht anschwitzen. Mit Sherry und Madeira ablöschen. Mit dem Wachtelfond auffüllen und die Gewürze zugeben. 20 Minuten ziehen lassen und kalt stellen. Geflügelfleisch durch den Fleischwolf drehen und mit der grob geschnittenen Petersilie und dem Gemüse vermengen. Das Eiweiß und die Eiswürfel unter die Masse heben. Unter die kalte Suppe mengen und langsam aufkochen lassen. Immer wieder vorsichtig umrühren. 1 Stunde ziehen lassen. Durch ein Passiertuch gießen und mit Salz und Pfeffer abschmecken. In ein Glas einfüllen. Den Spargelfond aufkochen und das Pürée einrühren, nachwürzen und aufmixen. Auf die Wachtelconsommé gießen.

Wachtelconsommé mit Spargelschaum

60 g	Butter
3 EL	Olivenöl
90 g	Schalotten, geschält und fein geschnitten
50 g	Champignons
80 g	Staudensellerie, gewürfelt
2	Rosmarinzweige
60 ml	Sherry
60 ml	Madeira
2 l	Wildgeflügel- bzw. Wachtelfond (Grundrezept auf Seite 212)
3	Pfefferkörner
2	Wacholderbeeren
4 EL	Spargelpürée (Grundrezept auf Seite 219)
¼ l	Spargelfond (Grundrezept auf Seite 212) Salz, Pfeffer aus der Mühle

Zum Klären:

200 g	Geflügelfleisch
je 70 g	Karotten, Lauch, Staudensellerie
1	kleines Bund Petersilie
1 EL	Tomatenmark
100 g	Eiweiß
200 g	Eiswürfel

Velouté von Auster und Nussbutter

Zubereitung

Velouté von Auster und Nussbutter Die Nussbutter in einem Topf erhitzen. Schalotten, Champignons, Räucherforellenfilet und Koriander zugeben und leicht anschwitzen. Mit Noilly Prat und Pernod ablöschen. Mit dem Geflügelfond auffüllen. Bei milder Hitze ziehen lassen. Das Räucherforellenfilet und den Koriander entfernen. Mit dem Mixstab pürieren, durch ein feines Sieb gießen. Mit Salz und Pfeffer würzen. 300 Milliliter vom Fond beiseitestellen. In den restlichen Fond die Sahne geben und auf ein Drittel einreduzieren lassen. Crème double zugeben und schaumig mixen. Den Spinat mit dem beiseitegestellten Fond ganz fein in der Moulinette mixen und durch ein Passiertuch gießen. Den dabei erhaltenen Rückstand im Passiertuch in Gläser füllen. Die Austern öffnen und den Saft auffangen. Aus 4 Austern ein Tatar schneiden und mit Tomaten, Forellenkaviar, Kerbel und Limonensaft vermengen. Aus dem Spinat eine Matte legen und den Austerntatar daraufgeben. Den Austernsaft in die Velouté geben und nochmals durchmixen. Auf das Tatar gießen. Die restlichen 4 Austern kalt dazu reichen.

Velouté von Auster und Nussbutter

8	Austern
1 EL	Tomatenconcassé
1 Msp.	Forellenkaviar
1 Msp.	Kerbel, gehackt
1 Spritzer	Limonensaft

Velouté:

100 g	Nussbutter
90 g	Schalotten, geschält und fein geschnitten
50 g	Champignons
50 g	Räucherforellenfilet, fein geschnitten
1	Blattkorianderzweig
50 ml	Noilly Prat
30 ml	Pernod
1,5 l	Geflügelfond (Grundrezept auf Seite 208)
500 g	Spinat, gewaschen und klein geschnitten
125 ml	Sahne
1 EL	Crème double Salz, Cayennepfeffer, Limonensaft

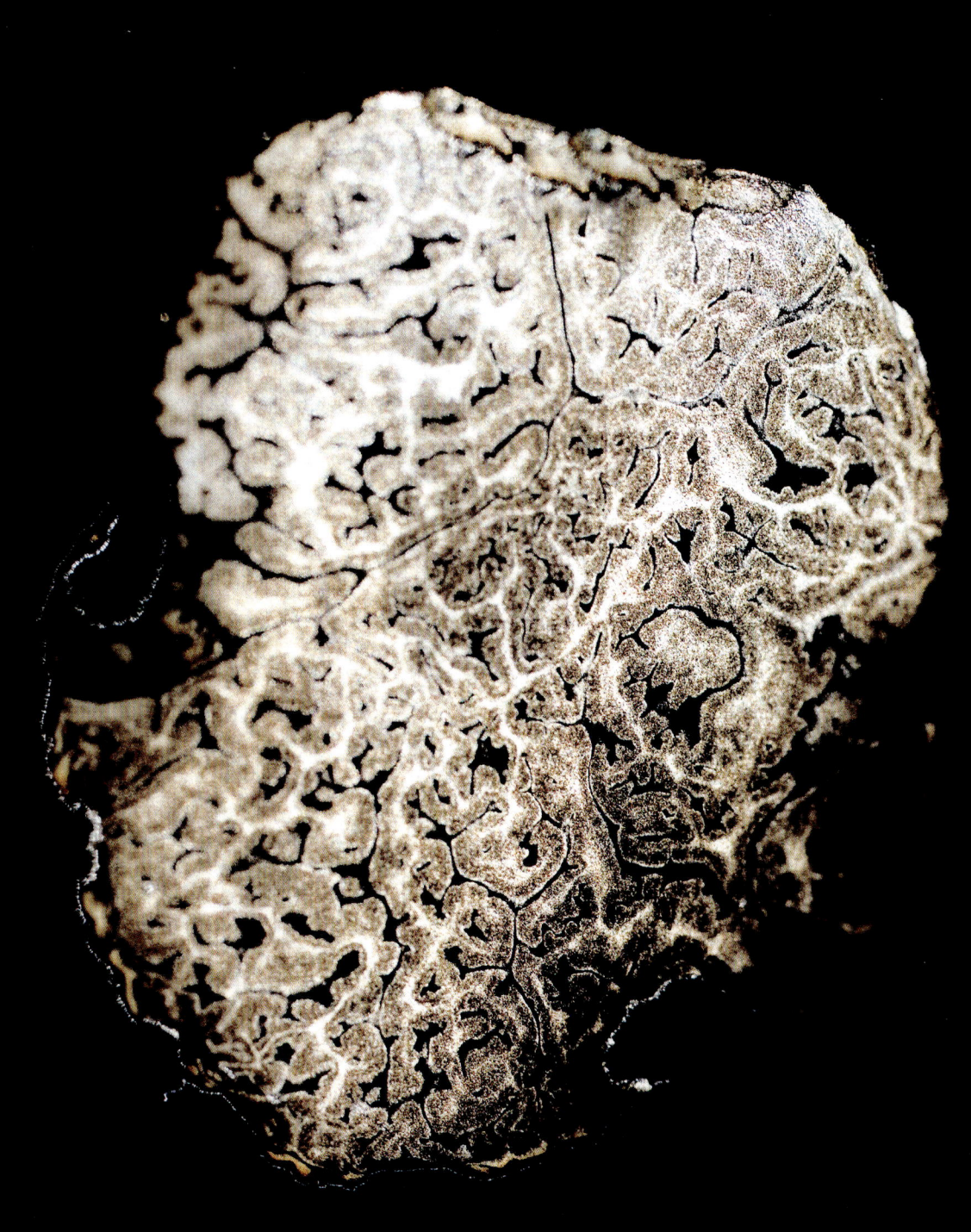

Regionalität

An manchen Tagen machen sich Simon Taxacher sen. und sein Freund Michael Lanzinger schon vor Sonnenaufgang in den Wäldern des Brixen- und Spertentals auf die Suche nach dem braunen Gold Tirols: den Steinpilzen.

Die spielen in der Rosengarten-Küche im doppelten Wortsinn eine gewichtige Rolle. Rund 150 Kilo verarbeitet Simon Taxacher während der Saison, die in Tirol von Ende Juli bis weit in den September hinein reicht. Neben den Steinpilzen haben aber auch Pfifferlinge und Parasolpilze aus der Region ihren festen Platz auf der Speisekarte.

Damit die Gäste auch im Winter und Frühjahr Tiroler Steinpilze genießen können, wird ein Teil der Ausbeute des Sommers mit Weißwein, Geflügelfond und Gewürzen eingeweckt und dient so dann das Jahr über als Grundlage für Steinpilztatar und andere Rosengarten-Basics. Doch auch zum Trocknen eignet sich der Steinpilz hervorragend und sein Aroma wird dadurch deutlich intensiver. Simon Taxacher selbst genießt Steinpilze aber am liebsten frisch, einfach kurz mit Speck und Zwiebeln angebraten oder à la creme mit ein wenig Pasta.

Anders als in der Steiermark, wo man im Sommer regelrecht über Steinpilze stolpert, machen diese sich in Tirol ein wenig rarer, sind gleichwohl aber von hervorragender Qualität. Bis auf eine Höhe von 1600 Metern lassen sich einzelne Exemplare der begehrten Delikatesse aufspüren. Wer eine gute Stelle kennt, wird dort immer wieder fündig werden, denn Steinpilze sind ausgesprochen standorttreu. „An manchen Tagen kommen so schon ein bis zwei Kilo zusammen", erzählt Michael Lanzinger, „aber natürlich verrät ein echter Pilzsammler einem anderen niemals einen besonders ergiebigen Fundort."

Erfahrene Sammler wie Lanzinger erkennen auf den ersten Blick, ob der empfindliche, auch bei Würmern und Maden begehrte Pilz im Innern noch intakt oder bereits von Ungeziefer befallen ist. „Dann lasse ich den Pilz stehen, wo er ist", meint Lanzinger, „Schneckenspuren außen sind aber nicht so schlimm." Regelmäßig sind für Taxacher auch Jugendliche aus dem Dorf im Wald unterwegs und verdienen sich so ein paar Euro.

In der Region Kitzbühel wächst vor allem der Fichten- und Kiefernsteinpilz, vereinzelt auch der Sommersteinpilz, der in der Nähe von Buchen und Eichen vorkommt. Selbst Kennern fällt es oft schwer, die Pilze zu unterscheiden, und so geben die Bäume im Umfeld der Sammelstelle den besten Aufschluss darüber, mit welcher Art man es zu tun hat. Hervorragende Speisepilze sind sie jedoch alle.

Wachsen die Steinpilze zu Beginn der Saison noch tief im Wald, wandern sie im Lauf der Zeit bevorzugt in die Grenzregion zwischen den saftigen Almwiesen und dem Waldrand.

Wie fast alle Pilzarten lieben es Steinpilze warm und feucht, deshalb sind die Chancen auf einen guten Fund nach einem ausgiebigen Sommerregen auch am größten. Allerdings dauert es etwa ein bis zwei Tage, bis das Wachstum einsetzt – dann aber geht alles sehr schnell. Nur wenige Stunden braucht ein Steinpilz, bis er seine volle Größe erreicht hat. Ist der dunkel- bis rehbraune Hut bei jüngeren Exemplaren noch halbkugelig, wölbt er sich im Lauf der Zeit konvex auf.

„Einzelne Steinpilze können im Ausnahmefall bis zu einem Kilo schwer werden, aber die kleinen kompakten Exemplare schmecken viel besser", weiß Lanzinger.

Sie duften delikat nach feuchtem Waldboden, haben ein festes weißes Fleisch und besitzen ein mildes, fein nussiges bis waldwürziges Aroma, was sie neben Trüffeln und Morcheln schon zu Zeiten der Römer zu einem der beliebtesten Speisepilze gemacht hat. Bis ins Mittelalter hinein war der Pilz den adeligen Grundbesitzern vorbehalten – daher auch der heute noch weit verbreitete Name Herrenpilz.

Neben Pilzen bereichern zahlreiche weitere Produkte aus der Region das Angebot des Rosengartens. Dazu zählen Heidel- und Waldhimbeeren, praktisch alle Milchprodukte, frisches Obst und Gemüse, eine Vielzahl von Küchenkräutern aus dem Garten gleich hinterm Haus und diverse Süßwasserfische wie Saibling, Waller, Hecht und Zander. Manchmal kommt auch ein Milchlamm oder eines der zotteligen Hochlandrinder von der nur fünf Kilometer entfernt gelegenen Ochsalm dazu.

„Ich würde gerne noch mehr Produkte aus der Region verwenden, aber es ist oft schwierig, die in ausreichender Qualität und Menge zu bekommen", stellt Simon Taxacher mit leichtem Bedauern fest.

Für ihn gibt es viele gute Argumente für den Einsatz regionaler Produkte: „Ich kenne alle Produzenten persönlich, die Transportwege sind kurz. Das garantiert absolute Frische. Außerdem tragen wir damit aktiv zur Bewahrung der kulinarischen und landwirtschaftlichen Traditionen bei." Deshalb genießen regionale Grundprodukte im Rosengarten dieselbe Wertschätzung wie jene der internationalen Hochküche. ▪

Bretonischer Hummer
im Zitronengras-Apfel-Sud
Bigorneaux

Zubereitung

Bretonischer Hummer Reichlich Wasser mit dem Gemüse zum Kochen bringen. Die Hummer circa 3 Minuten kochen und danach in Eiswasser abschrecken. Die Hummer der Länge nach halbieren und die Innereien und Därme herauslösen. Mit kaltem Wasser gut abspülen. Die Scheren ebenso aufbrechen. Den Sud zum Wärmen beiseitestellen. Die übrig gebliebenen Carkassen für spätere Fonds oder Sauce beiseitestellen.

Ravioli von Bigorneaux Die Meeresschnecken unter fließendem Wasser sehr gut wässern. Über Nacht in leicht gesalzenem Wasser kalt stellen. Auf ein Sieb gießen und abtropfen lassen. Olivenöl erhitzen und das Schmorgemüse leicht anrösten. Die Meeresschnecken und den Thymianzweig zugeben, mit Noilly Prat und Weißwein ablöschen. Mit dem Geflügelfond auffüllen, langsam aufkochen und zugedeckt circa 40 Minuten ziehen lassen. Die Schnecken aus dem Fond nehmen und mit einem Spieß aus dem Gehäuse ziehen. 2 Esslöffel Meeresschnecken beiseitegeben. Spinat, Kräuter und Hummerfarce gut vermengen und mit Salz, Pfeffer und Zitronensaft pikant abschmecken.
Den Nudelteig dünn ausrollen und Quadrate von 6 x 6 Zentimeter ausschneiden. Die Fülle in die Mitte setzen, die Ränder mit Eigelb bestreichen und zusammendrücken. Im Salzwasser 3 bis 4 Minuten kochen. Die Butter erwärmen, die Ravioli zusammen mit den beiseitegelegten Bigorneaux und dem Tomatenconcassé durchschwenken. Mit wenig Salz würzen.

Fertigstellung

Den Hummer im Sud leicht erwärmen. Die Ravioli mit den Bigorneaux, dem Tomatenconcassé und den Apfelperlen auf einem Teller anrichten, den Hummer dazulegen. Den Zitronengras-Apfel-Sud um den Hummer ziehen. Eventuell glacierte Erbsenschoten, Hummerschaum und Apfelchips dazu reichen.

Bretonischer Hummer
2	europäische Hummer à 600 g
je 100 g	Stangensellerie, Karotten, Lauch, gewaschen und klein geschnitten

Ravioli von Bigorneaux
400 g	Bigorneaux (kleine Meeresschnecken)
40 g	Schalotten, geschält
je 40 g	Lauch, Karotten und Fenchel, gewaschen und fein geschnitten
1	Thymianzweig
6 cl	Noilly Prat
250 ml	Weißwein
250 ml	Geflügelfond (Grundrezept auf Seite 208)
2 EL	junger Spinat, blanchiert und klein geschnitten
1 EL	fein geschnittene Kräuter (Kerbel, wenig Zitronenverbene, Thymian)
2 EL	Hummerfarce (Grundrezept auf Seite 207) Salz und Pfeffer aus der Mühle, etwas Zitronensaft
150 g	Nudelteig (Grundrezept auf Seite 217)
1	Eigelb zum Bestreichen
1 EL	braune Butter
1 EL	Tomatenconcassé
2 EL	Apfelperlen

Zitronengras-Apfel-Sud
Grundrezept auf Seite 212

Sauté von Froschschenkeln auf Zitronen-Lauch-Risotto

Perlzwiebeln in PX-Reduktion

Zubereitung

Froschschenkel Olivenöl und Butter in einer Pfanne aufschäumen lassen. Die parierten Froschschenkel zusammen mit den Kräutern goldbraun abbraten. Immer wieder mit der Butter-Olivenöl-Mischung übergießen, etwa 2 Minuten ziehen lassen. Mit Salz und Pfeffer würzen.

Zitronen-Lauch-Risotto Das Lauchgrün halbieren, waschen und in grobe Stücke schneiden. In kochendem Salzwasser weich kochen und in Eiswasser abschrecken. Den Lauch zusammen mit der wachsweichen Butter und dem Zitronensaft in der Moulinette sehr fein mixen. Kalt stellen.
Die Schalotte fein schneiden, mit Olivenöl in einem Topf glasig anschwitzen, Reis zugeben und kurz mitschwenken. Mit Noilly Prat und Portwein ablöschen, reduzieren lassen. Den Geflügelfond nach und nach zugießen und ab und zu durchschwenken. Nicht rühren, sonst wird der Risotto klebrig. Mit Salz und Pfeffer würzen. Den Risotto in circa 20 bis 23 Minuten bissfest garen. 2 Esslöffel vom Lauchpüree untermengen. Der Rest kann für eine spätere Verwendung eingefroren werden. Den Parmesan unterheben, den Risotto kurz ziehen lassen.
Die Zitrone waschen und feine Zesten herunterreißen. Anschließend schälen und die Filets herausfiletieren. Zucker karamellisieren, mit Weißwein ablöschen. Die Zesten im Sud sirupartig einkochen. Am Schluss die Filets zugeben und im Sirup ziehen lassen.

Fertigstellung

Den Lauchrisotto auf einem Teller anrichten. Die Froschschenkel daraufsetzen und mit etwas PX-Reduktion beträufeln. Die Perlzwiebeln sowie die kandierten Zitronen abwechselnd auf dem Teller verteilen. Eventuell mit einem Stück geschmortem Junglauch und einem Zitronenchip garnieren.

Froschschenkel

12	Froschschenkel, pariert
	Butter und Olivenöl zum Braten
je 1	Rosmarin- und Thymianzweig
	Salz und weißer Pfeffer aus der Mühle

Zitronen-Lauch-Risotto

200 g	Lauchgrün
200 g	Butter
20 ml	Zitronensaft
1	Schalotte, fein geschnitten
30 g	Olivenöl
200 g	Risottoreis
50 ml	Noilly Prat
50 ml	weißer Portwein
500 ml	Geflügelfond (Grundrezept auf Seite 208)
30 g	Parmesan
1	Zitrone
50 g	Zucker
100 ml	Weißwein

Perlzwiebeln in PX-Reduktion
Grundrezept auf Seite 221

Seeigel im angeräucherten Artischocken-Fumet

Gebeizter Kingfisch

Zubereitung

Gebeizter Kingfisch Die von Gräten befreiten Kingfischfilets mit Pökelsalz und Fleur de Sel gut einreiben. Estragon und die Gewürze darübergeben. Traubenkernöl, Noilly Prat, Sherry und Balsamico vermengen und über den Kingfisch gießen. Mit Lardo abdecken und 2 bis 3 Tage abgedeckt im Kühlschrank ziehen lassen. Danach den Fisch ausbeizen und in hauchdünne Scheiben schneiden.

Seeigel im angeräucherten Artischocken-Fumet Die Seeigel an der Unterseite mit einer Schere aufschneiden, dabei den Saft auffangen und passieren. Die Konaden vorsichtig herauslösen. 4 Seeigelkörper auswaschen und zum Füllen verwenden. Die Schalotten zusammen mit der Artischocke und dem Lardo in Olivenöl ansautieren. Den Stangensellerie und Zitronenthymian zugeben und mit Portwein und Noilly Prat ablöschen. Mit dem Geflügelfond auffüllen und auf die Hälfte reduzieren lassen. 75 Milliliter Champagner zugeben. Den Zitronenthymian entfernen, den Fond aufmixen und durch ein Sieb passieren. Mit Salz, Cayennepfeffer, Zucker und Limonensaft würzen. Den restlichen Champagner zugeben. Etwas Seeigelflüssigkeit sowie die Crème double zugeben. Die Suppe aufschäumen und in die Seeigelkörper einfüllen. In der restlichen Flüssigkeit die Konaden erwärmen.

Fertigstellung

Das Artischocken-Fumet im Seeigelkörper auf einen Teller setzen. Den Kingfisch dazugeben mit Limonenöl beträufeln und den Bottarga darüberhobeln. Die Konaden in das Fumet und auf den Teller geben. Eventuell etwas Artischockensalat und Artischockenchips dazu reichen.

Gebeizter Kingfisch
(2 bis 3 Tage gebeizt)

200 g	Kingfischfilet mit Haut
1 g	Pökelsalz
½ TL	Fleur de Sel
½ TL	Pfefferkörner
2	Estragonzweige
2 EL	Traubenkernöl
2 cl	Noilly Prat
2 cl	Sherry medium
2 cl	weißer Balsamico
	hauchdünn geschnittener Lardo zum Abdecken
	einige Späne Bottarga
	etwas Limonenöl

Seeigel im angeräucherten Artischocken-Fumet

8	Seeigel
2	Schalotten, geschält und fein geschnitten
1	Artischocke, zugeputzt und klein geschnitten
2	Scheiben Lardo
50 g	Stangensellerie, klein geschnitten
2	Zitronenthymianzweige
6 cl	weißer Portwein
6 cl	Noilly Prat
600 ml	Geflügelfond (Grundrezept auf Seite 208)
150 ml	Champagner
200 ml	Crème double
	Salz, Cayennepfeffer, Zucker, Limonensaft

Treviso-Radicchio-Ravioli mit Périgord-Trüffel

Parmesanvelouté

Zubereitung

Treviso-Radicchio-Ravioli Radicchio zuputzen und in lauwarmem Wasser waschen, anschließend trocken tupfen und in feine Streifen schneiden. Schalotten und Speck im Honig leicht karamellisieren. Die Birnen zugeben und mit Weißwein und dem Birnensaft ablöschen. Den Saft fast vollständig reduzieren lassen. Den Radicchio zugeben und gut umrühren. Mit Balsamico, Salz und Cayennepfeffer abschmecken. Zum Schluss die Kräuter unterheben und auskühlen lassen.
Den Nudelteig sehr dünn ausrollen. 12 Kreise mit 6 Zentimeter Durchmesser ausstechen. In die Mitte je ein Häufchen geschmorten Radicchio geben. Mit Ei bestreichen und zusammenklappen. Im Salzwasser 2 bis 3 Minuten kochen. Den Traubenmost erhitzen und mit der Butter sämig aufmontieren. Die Bohnenkerne und Haricot verts darin erwärmen. Die Radicchiospitzen ebenso kurz mitschwenken. Mit Salz und Cayennepfeffer abschmecken.

Fertigstellung

Die Radicchiospitzen mit den Bohnen auf einem Teller verteilen. Die Ravioli daraufgeben und mit der Parmesanvelouté beträufeln. Mit Parmesanscheiben, Weißbrotwürfeln, Salbei und einigen Spänen Trüffel ausgarnieren.

Treviso-Radicchio-Ravioli

4	Köpfe Treviso Radicchio
2	Schalotten, geschält und fein geschnitten
1	Scheibe Bauchspeck, in feine Würfel geschnitten
1 TL	Honig
1	vollreife Birne, geschält, entkernt und in feine Würfel geschnitten
4 cl	Weißwein
2 cl	frisch gepresster Birnensaft
1	Spritzer weißer Balsamico
je 4	Salbei- und Petersilienblätter, in feine Streifen geschnitten
150 g	Nudelteig (Grundrezept auf Seite 217) Eidotter zum Bestreichen
200 ml	roter Traubenmost Butter zum Montieren
40 g	Bohnenkerne, gekocht und gehäutet
20 g	Haricot verts, gekocht und schräg halbiert
10 g	Weißbrotwürfel, geröstet Salz und Cayennepfeffer einige Späne Périgord-Trüffel

Parmesanvelouté

Grundrezept auf Seite 211

Gebratene Gänsestopfleber auf gestockter Mandelmilch

Zubereitung

Zucker in einem Topf schmelzen. Fein geschnittene Schalotte zugeben und mit Sherry und Noilly Prat ablöschen. Mit Mandelmilch und Sahne auffüllen. Thymian zugeben und 10 Minuten ziehen lassen. Durch ein feines Sieb gießen und auskühlen lassen. Das Eigelb hineinrühren und mit Salz, Cayennepfeffer, Amaretto und Mandelbitteraroma abschmecken. Ein Backblech mit Butterpapier auslegen und die Mandelmilch hauchdünn eingießen. Bei 90 °C im Backofen circa 12 bis 15 Minuten stocken lassen. Auskühlen lassen und beliebig große Kreise ausstechen. Vor dem Anrichten leicht erwärmen. Die Gänsestopfleber mehlieren und bei milder Hitze auf den Punkt braten.

Fertigstellung

Die gestockte Mandelmilch auf 4 Teller verteilen. Je eine Scheibe Gänseleber auflegen. Die fünfte Scheibe in 4 Stücke schneiden und dazugeben. Mit Mangokompott und karamellisierter Mango anrichten. Mit frischen Mandeln, Mandelschaum und Thymian garnieren und eventuell etwas Kalbsjus dazugeben.

Gänsestopfleber auf gestockter Mandelmilch

5	Scheiben Gänsestopfleber à 60 g
50 g	Zucker
1	Schalotte
2 cl	Sherry medium
2 cl	Noilly Prat
150 ml	Mandelmilch
50 ml	Sahne
1	Thymianzweig
1	Eigelb
	Salz, Cayennepfeffer
1	Spritzer Amaretto
	etwas Mandelbitteraroma

Mangokompott
Rezept bei Schokoladentarte auf Seite 194

Karamellisierte Mango
Rezept bei Schokoladentarte auf Seite 194

Mandelschaum
Grundrezept auf Seite 210

Rote Meerbarbe roh mariniert
Gehobelte Gänseleber und
Algenkrokant

Zubereitung

Marinierte rote Meerbarbe Für die Marinade den Zucker in einem Topf zergehen lassen. Den fein geriebenen Apfel zugeben und mit Pflaumenweinessig und Geflügelfond ablöschen. Vom Herd nehmen. Alle übrigen Zutaten zugeben. Mit Salz, Pfeffer und Limonensaft kräftig abschmecken. 15 Minuten ziehen lassen. Durch ein feines Sieb gießen.
Die Meerbarben schuppen, die Innereien entfernen, entgräten und in 6 Filets zerlegen. 4 Filets mit Haselnussöl bestreichen und in einer Pfanne mit Butter auf der Hautseite etwa 2 Minuten bei milder Hitze braten, beiseitestellen und 1 Minute ziehen lassen. Mit Maldonsalz und geschrotetem Pfeffer bestreuen. Von den restlichen 2 Filets hauchdünne Scheiben herunterschneiden, mit der Marinade bepinseln und 5 Minuten ziehen lassen.

Gehobelte Gänseleber und Algenpüree Von der Gänseleber die Haut entfernen und mit einem Trüffelhobel oder der Aufschnittmaschine hauchdünne Scheiben herunterschneiden. Mit Maldonsalz und Pfeffer aus der Mühle würzen und einrollen. Kalt stellen.
Den Zucker in einem Topf zergehen lassen und die gewaschenen, geputzten Meeresalgen dazugeben. Den Koriander und den Ingwer zugeben. Mit Noilly Prat und Fischfond ablöschen, mit Salz, Pfeffer und Limonensaft abschmecken. 2 Minuten ziehen lassen und aufmixen. Durch ein Sieb gießen. 50 Milliliter vom Algenfond mit Butter aufmontieren. Den Rest mit dem Kartoffelpüree vermengen. Das Haselnussöl und die geschlagene Sahne unterheben.

Fertigstellung

Die gebratene Meerbarbe auf Tellern anrichten und die marinierten Scheiben dazulegen. Die Gänseleber, den Algenkrokant und das Algenpüree daneben anrichten. Sauce und eventuell glacierte Algen dazu reichen.

Rote Meerbarbe
3	Meerbarben à 200 g
	Haselnussöl
	etwas Butter zum Braten
	Maldonsalz, geschroteter Pfeffer

Marinade
10 g	Zucker
½	Apfel, fein gerieben
10 ml	Pflaumenweinessig
120 ml	Geflügelfond
	(Grundrezept auf Seite 208)
1 TL	Ingwer, frisch gerieben
5 g	Zitronengras, klein geschnitten
1 Msp.	Currypaste
4 EL	Haselnussöl
4 EL	Traubenkernöl
2	Korianderblätter, in feine Streifen geschnitten
	Salz, Pfeffer aus der Mühle, Limonensaft

Gehobelte Gänseleber und Algenpüree
40 g	Gänseleber
20 g	Zucker
200 g	Meeresalgen (Passe Pierre)
2	Korianderblätter, fein geschnitten
1 Msp.	Ingwer, frisch gerieben
10 ml	Noilly Prat
100 ml	Fischfond
	(Grundrezept auf Seite 208)
	Salz, Pfeffer aus der Mühle, Limonensaft
20 g	Butter
4 EL	Kartoffelpüree
	(Grundrezept auf Seite 216)
1 EL	Haselnussöl
1 TL	Sahne, geschlagen

Algenkrokant
Grundrezept auf Seite 213

St. Pierre und gelierte
Gillardeau-Auster
Safran-Karotten-Texturen

Zubereitung

St. Pierre und gelierte Gillardeau-Auster Die Austern aufbrechen und den Saft dabei auffangen. Die Austern gründlich säubern. Den Saft durch ein Passiertuch gießen, aufkochen und das Agar-Agar darin auflösen. Mit Zitronensaft und Cayennepfeffer abschmecken. Ein Backblech mit Frischhaltefolie auskleiden und den abgekühlten Austernsaft hauchdünn eingießen. Kalt werden lassen und auf die Größe der Austern zurechtschneiden. In einer Pfanne den Fischfond eingießen, die Austern hineingeben und mit dem Gelee belegen. Unter dem Salamander leicht erwärmen.

Den St. Pierre in gleiche Stücke schneiden. Beide Öle vermengen und auf 65 °C erhitzen. Die Filets hineingeben und darin circa 4 Minuten glasig garen. Abtropfen lassen und mit Maldonsalz würzen.

Safran-Zitronengras-Couscous Den Geflügelfond erhitzen und Koriander, Safran und Zitronengras darin 20 Minuten ziehen lassen. Durch ein feines Sieb passieren. Die Butter zergehen lassen und den Couscous darin anschwenken. Mit Weißwein ablöschen und nach und nach den Safranfond zugeben. Den Couscous mit einer Gabel immer wieder auflockern.

Wenn der Couscous noch leichten Biss hat, Paprika zugeben und mit Salz, Zitronensaft und etwas Olivenöl abschmecken.

Fertigstellung

Den St. Pierre auf die Safran-Karotten-Texturen geben. Aus dem Couscous ein Nockerl formen und anlegen. Die gelierten Austern dazugeben. Eventuell eine ½ Stange Pak Choi im Riesling-Spätlese-Gewürzfond (Grundrezept auf Seite 211) und Karottenchips als Garnitur dazu reichen.

St. Pierre und gelierte Gillardeau-Auster

400 g	Filet vom St. Pierre, ohne Haut
200 ml	Olivenöl
50 ml	Zitronenöl
	Maldonsalz
4	Gillardeau-Austern
½	Mokkalöffel Agar-Agar
1	Spritzer Zitronensaft
	Cayennepfeffer
4 EL	Fischfond (Grundrezept auf Seite 208)

Safran-Zitronengras-Couscous

250 ml	Geflügelfond (Grundrezept auf Seite 208)
1	Korianderzweig
1 Prise	Safranfäden
¼	Zitronengrasstange
10 g	Butter
60 g	Couscous
2 cl	Weißwein
1 EL	roter Paprika ohne Schale, fein gewürfelt
	Salz, Zitronensaft, Olivenöl

Safran-Karotten-Texturen

Grundrezept auf Seite 211

Lasagne vom Steinpilz in provençalischer Reduktion

Stockfisch-Brandade

Zubereitung

Lasagne vom Steinpilz Olivenöl mit wenig Butter in einer Pfanne erhitzen und die Steinpilze zusammen mit den Schalotten und den Kräuterzweigen ansautieren. Mit Balsamico und Weißwein ablöschen und mit 60 Milliliter Geflügelfond angießen. Die Flüssigkeit fast verkochen lassen und die Tomaten und Basilikumstreifen zugeben. Die Kräuterzweige entfernen und mit Salz und Pfeffer kräftig würzen. Den Nudelteig dünn ausrollen und im Ganzen blanchieren, abschrecken und trocken tupfen. Mit einem Ausstecher 8 Kreise mit einem Durchmesser von 6 Zentimetern ausstechen und im restlichen Geflügelfond mit etwas Butter erwärmen. Den Strudelteig dünn ausrollen, ebenso 8 Kreise ausstechen. 4 Kreise mit etwas Wasser beträufeln, mit je einem Basilikumblatt und einem weiteren Kreis belegen. In Butterschmalz beidseitig ausbacken.

Fertigstellung

Das Stockfischpüree in Ausstechringe von 6 Zentimetern Durchmesser geben. Darauf schichtweise Nudelblatt und Steinpilze verteilen. Den Ring entfernen und das Strudelblatt aufsetzen. Mit der provençalischen Reduktion und etwas Fischsauce servieren. Eventuell mit Basilikum ausgarnieren.

Lasagne vom Steinpilz

200 g	Steinpilze, geputzt und blättrig geschnitten
1 EL	Schalotten, fein geschnitten
je 1	Rosmarin- und Thymianzweig
1 Spritzer	alter Balsamico
2 cl	Weißwein
125 ml	Geflügelfond (Grundrezept auf Seite 208)
1 EL	Tomatenconcassé
½ EL	Basilikum, in feine Streifen geschnitten
	Salz, weißer Pfeffer aus der Mühle
	Olivenöl und Butter zum Anbraten
150 g	Nudelteig (Grundrezept auf Seite 217)
100 g	Strudelteig (Grundrezept auf Seite 224)
4	Basilikumblätter
	Butterschmalz zum Ausbacken

Stockfisch-Brandade
Grundrezept auf Seite 222
Provençalische Reduktion
Grundrezept auf Seite 211

Sardinentatar mit
Coquille St. Jacques
Rote-Rüben-Estragon-Gelee

Zubereitung

Sardinentatar Die Sardinen schuppen, ausnehmen und filetieren. Anschließend die Filets von den Gräten befreien. 4 Filets auf eine Länge von 10 Zentimetern zurechtschneiden. Die Zutaten für die Marinade verrühren, die übrigen Filets damit einbeizen und mindestens 24 Stunden zugedeckt und gut gekühlt in der Marinade ziehen lassen. Die zurechtgeschnittenen Filets mit etwas Olivenöl bestreichen und je nach Dicke 2 bis 3 Minuten im vorbereiteten Räucherofen anräuchern. Danach kalt stellen. Die marinierten Sardinenfilets ausbeizen und in feine Würfel schneiden. Die Beize zum Abschmecken durch ein Sieb gießen und beiseitegeben. Mit dem fein geschnittenen Estragon, der beiseitegestellten Marinade, Walnussöl, Salz, Pfeffer, Cayennepfeffer und Zitronensaft abschmecken.

Coquille St. Jacques Die Coquilles aus der Schale lösen und sauber zuputzen. 1 Muschel in feine Scheiben schneiden. Die Crème fraîche mit Salz, Pfeffer und Zitronensaft würzen. In die Mitte der Scheiben ein wenig Crème fraîche und Kaviar geben und zu Ravioli zusammenklappen. Mit Maldonsalz würzen. Die restlichen Coquilles in einer Pfanne mit Butter und Olivenöl scharf anbraten und 2 Minuten ziehen lassen. Mit Salz und Pfeffer würzen.

Fertigstellung

Das Estragongelee in Rechtecke von 9 x 4 Zentimetern schneiden und vorsichtig auf Teller setzen. Darauf mit einer kleineren Form das Tatar geben.
Die geräucherten Sardinenfilets in etwas Olivenöl und Butter an der Hautseite braten und kurz übergießen. Leicht abtropfen lassen und mit der Hautseite nach oben auf das Tatar setzen. Zum Schluss die Ravioli auflegen. Das Estragonsorbet sowie die Coquilles St. Jacques dazu anrichten.

Sardinentatar
(24 Stunden marinieren)

8	bretonische Sardinen à 90–100 g
1 TL	Estragon, fein geschnitten
30 ml	Walnussöl
1 Spritzer	Zitronensaft
	Salz, Pfeffer, Cayennepfeffer
	Olivenöl

Marinade für die Sardinen

10	weiße Pfefferkörner, zerdrückt
1	Sternanis
1 TL	Anis
1	frisches Lorbeerblatt
3	frische Estragonzweige
	etwas weißer Portwein
	Walnussöl
3 EL	Meersalz

Coquille St. Jacques

5	Coquilles St. Jacques in der Schale
1 TL	Crème fraîche
10 g	Ossetra-Kaviar
	Salz, Pfeffer aus der Mühle
	Maldonsalz
	etwas Zitronensaft
	Butter und Olivenöl zum Braten

Zum Räuchern
Grundrezept auf Seite 221
Rote-Rüben-Estragon-Gelee
Grundrezept auf Seite 221
Estragon-Sauerrahm-Sorbet
Grundrezept auf Seite 226

Gepökelte Kalbszunge mit gegrillter Pouverade Kalbsbeuscherl

Zubereitung

Kalbskopf Die Kalbszunge 5 bis 6 Stunden in kaltem Wasser gut wässern. Mit Gemüse, Weißwein, Suppengrün, den Gewürzen, 1 Thymianzweig und dem Essig in einem Topf mit 2 Liter leicht gesalzenem Wasser langsam aufkochen und etwa 2 bis 3 Stunden weich garen, aber etwas mehr als bissfest. Die Kalbszunge leicht überkühlen lassen und der Länge nach feine Scheiben herunterschneiden. Auf einen Teller legen, mit Salz und Pfeffer würzen. Kurz unter dem Salamander erwärmen. Die Kopfsalatviertel auseinanderzupfen und zusammen mit den Gemüsewürfeln in der Champagnervinaigrette wenden. Die Pouveraden in Olivenöl mit Thymian leicht anbraten.

Kalbsbeuscherl Herz und Lunge aus dem Wasser nehmen, abspülen und sauber zuputzen. In einen Topf geben, ½ Liter Wasser, Rotwein und Essig zugeben und kurz aufkochen lassen. Abschäumen, das Gemüse, die Kräuter und die Gewürze zugeben. Leicht salzen und bei schwacher Hitze circa 30 Minuten kochen. Innereien herausnehmen und beschwert kalt stellen. Den Sud auf die Hälfte reduzieren und durch ein Sieb gießen. Die fein gehackte Zwiebel in 20 Gramm Butterschmalz anrösten, Mehl dazugeben und goldgelb rösten. Mit dem obigen Sud und dem Gurkenwasser auffüllen und circa 15 Minuten leicht köcheln lassen. Die übrigen Zutaten bis auf den Gulaschsaft zugeben und 10 Minuten bei schwacher Hitze ziehen lassen. Durch ein Spitzsieb passieren. Die Innereien in sehr feine Streifen schneiden und wieder in den Beuscherlsaft einrühren. Mit Salz, Pfeffer und dem Weißweinessig kräftig abschmecken.

Fertigstellung

Die erwärmten Kalbszungenscheiben mit dem marinierten Kopfsalat auf einen Teller setzen. In einem Glas das Beuscherl mit dem aufgeschäumten Gulaschsaft und dem Grießknödel servieren. Die restliche Kalbszunge kann als Kompott dazu serviert werden.

Gepökelte Kalbszunge

1	Kalbszunge, gepökelt (beim Metzger vorbestellen)
1	Karotte, gewaschen und klein geschnitten
½	Lauchstange, gewaschen und klein geschnitten
½	Sellerieknolle, gewaschen und klein geschnitten
150 ml	Riesling
5	weiße Pfefferkörner
je 1	kleiner Blattpetersilien- und Liebstöckelzweig
1	frisches Lorbeerblatt
2	Thymianzweige
1 TL	Champagneressig
1	Kopfsalatherz, in 4 Teile geschnitten
je 15 g	Karotte und Sellerie, geschält und in sehr feine Würfel geschnitten, blanchiert
2 EL	Champagnervinaigrette (Grundrezept auf Seite 206)
2	Pouveraden (kleine, junge Artischocken), geputzt und bissfest gegart Olivenöl zum Braten

Kalbsbeuscherl

je 150 g	Herz und Lunge vom Kalb, 24 Stunden gewässert
200 ml	Rotwein
1 ml	Rotweinessig
je 50 g	Sellerie, Lauch, Karotte
1	Thymianzweig
2	Wacholderbeeren
2	Knoblauchzehen, ungeschält
½	Zwiebel, geschält und mit
1	Nelke und
1	Lorbeerblatt gespickt
1	kleine Zwiebel, fein gewürfelt
30 g	Essiggurke, klein gewürfelt
je 1 TL	Sardellen und Kapern, fein gehackt Butterschmalz zum Braten
2 EL	Mehl
200 ml	Gurkenwasser
1 Msp.	Dijonsenf
1	Majoranzweig
1 Msp.	edelsüßes Paprikapulver
100 ml	Sahne
1 Spritzer	Weißweinessig Salz und Pfeffer aus der Mühle
100 ml	Gulaschsaft

Grießknödel
Grundrezept auf Seite 215

Frische

Mittwochmorgen gegen neun Uhr. Ein nüchterner Industriebau im Süden Münchens, Hinterhofatmosphäre. An der Decke flackerndes Neonlicht, weiß gefliese Wände, dunkelgrauer Betonboden. Schwer vorstellbar, dass in diesem Ambiente einer der besten Fischhändler Deutschlands residiert. Und doch ist Heinz Lurz, mittlerweile seit über 30 Jahren im Geschäft, weit über die Grenzen der bayrischen Landeshauptstadt hinaus als einer der kenntnisreichsten Experten für maritime Delikatessen bekannt.

Leger in Jeans und Polohemd gekleidet, thront Lurz an diesem Morgen hinter seinem Schreibtisch und erklärt immer wieder, er habe heute überhaupt keine Zeit, das habe er ja schon am Telefon gesagt. „Aber jetzt setzt euch erst mal hin und trinkt einen Kaffee", brummt er dann schon ein wenig freundlicher.

Nicht weniger als 17 Sternehäuser beliefert Lurz im Großraum München, Garmisch-Partenkirchen und Tirol, aber er hat selbst Kunden in Hamburg. Warum? „Weil bei mir der Preis, aber vor allem die Qualität stimmt – Klasse statt Masse!", gibt Lurz selbstbewusst zu Protokoll, dann wird er von hektischem Telefongeklingel unterbrochen. Das passiert circa alle 30 bis 60 Sekunden. Von Zeit zu Zeit hat er auch mal zwei Hörer gleichzeitig in der Hand. Wenn das Telefon ausnahmsweise schweigt, rattert das Fax.

„Das Wetter an der bretonischen Küste ist zurzeit eine Katastrophe", grantelt Lurz, „die Schiffe müssen im Hafen bleiben und mein wichtigster französischer Geschäftspartner feiert sein 20-jähriges Betriebsjubiläum und hat einfach zwei Tage zugemacht! Typisch Franzose!" – nirgends ist mehr Steinbutt aufzutreiben. Jakobsmuscheln in der Schale? Heute nichts zu machen.

In rasendem Tempo blättert Lurz in seinem Hunderte von Telefonnummern umfassenden Lieferantenverzeichnis, wählt eine Nummer nach der anderen – spielend wechselt er dabei zwischen Französisch, Englisch, Deutsch und Bayrisch und schafft es am Ende doch noch vier große Steinbutte aufzutreiben – das Kilo zu 49 Euro.

„29 Euro wären ein fairer Preis, aber was soll ich machen", seufzt Lurz, „der Kunde will Steinbutt, ich muss liefern." Gegen halb elf wird es schlagartig ruhiger, das Telefon geht nur noch
alle Viertelstunde – die Hauptumschlagszeit für die empfindliche Ware liegt zwischen sieben und
zehn Uhr.

Zwar läuft fast das gesamte Geschäft über Telefon und Fax, doch es kommen auch Kunden persönlich zu Lurz, um ihre Ware direkt vor Ort auszusuchen: darunter viele Privatleute von der Haus-
frau bis zum ambitionierten Hobbykoch.

Neben der Frischfischtheke zieht derweil Herr Nemo, ein acht Jahre alter grauer Stör, in einem
eigenen kleinen Becken seine Runden. Sobald er sein Herrchen Lurz entdeckt, streckt er keck den
Kopf über den Rand des Bassins, um sich ein paar Streicheleinheiten abzuholen. „Der frisst mir
die Haare vom Kopf", lacht Lurz, „nur Hummer und Langusten sind dem gut genug."

An den Andockstationen für LKWs auf der Rückseite des Gebäudes herrscht währenddessen
hektische Betriebsamkeit, denn der frische Fisch muss über Rampen sofort in die Kühlräume
gebracht werden. Lebende Ware, vor allem Krustentiere, Muscheln und Süßwasserfische werden
in 2.000 bis 8.000 Liter fassende Salz- und Süßwasserbassins verfrachtet. Jeden Tag wird hier
rund eine Tonne Frischware umgesetzt.

Beherzt greift Lurz nach einem Steinbutt und erklärt, wie man die Frische eines Fischs zuverlässig überprüfen kann: „Vergessen Sie die Kiemenfarbe, da wird heute oft mit Lebensmittel-
farbe nachgeholfen", erklärt er, „ein Drucktest mit Daumen oder Zeigefinger ist da schon sicherer.
Das Fleisch muss elastisch sein und zurückfedern, außerdem darf der Schleim nicht zäh oder
klebrig sein."

Auf einer überdimensionalen Landkarte in seinem Büro hat Lurz die wichtigsten Lieferanten mit kleinen Fähnchen markiert. Der Schwerpunkt des Sortiments kommt aus den unbelasteten Gewässern der Bretagne und des Nordatlantiks (Island, Irland, Shetlands und Faröer-Inseln) und stammt ausschließlich aus Wildfang.

Zwar hat er auch den einen oder anderen Exoten aus dem Süd-Pazifik im Sortiment, aber er führt grundsätzlich keine Korallenfische, da bei deren Fang die Riffe zerstört werden. Auch Haifische sucht man bei ihm vergeblich.

Fast das gesamte Angebot an Meeresfischen stammt aus nachhaltigen Angel- oder Leinenfängen. Treibnetz- und Massenfänge lehnt Lurz strikt ab. Am liebsten kauft er deshalb auch von den Petits Bateaux, das heißt Einzelfischern und kleinen Kooperativen. „Die haben noch Respekt vor den Fischen, packen immer nur ein paar Exemplare in Styroporboxen und pferchen sie nicht schon auf See in enge Kühlkammern", so Lurz.

Doch egal woher: Auch Ware aus den entlegensten Winkeln der Welt ist bei Lurz spätestens 36 bis 48 Stunden nach dem Fang verfügbar. Dazu ist eine ausgeklügelte, weltumspannende Logistik notwendig. Etwas weniger aufwendig geht es bei den Süßwasserfischen zu – die stammen ausschließlich aus bayrischen und österreichischen Gewässern.

In der Rosengarten-Küche verwandeln sich die maritimen Kostbarkeiten aus dem Hause Lurz dann in kulinarische Erweckungserlebnisse wie Loup de mer auf Fenchelholz flambiert mit Safran-Fenchel-Cassoulet oder Soufflé vom Heilbutt mit Basilikum und Hummertramezzini. ▮

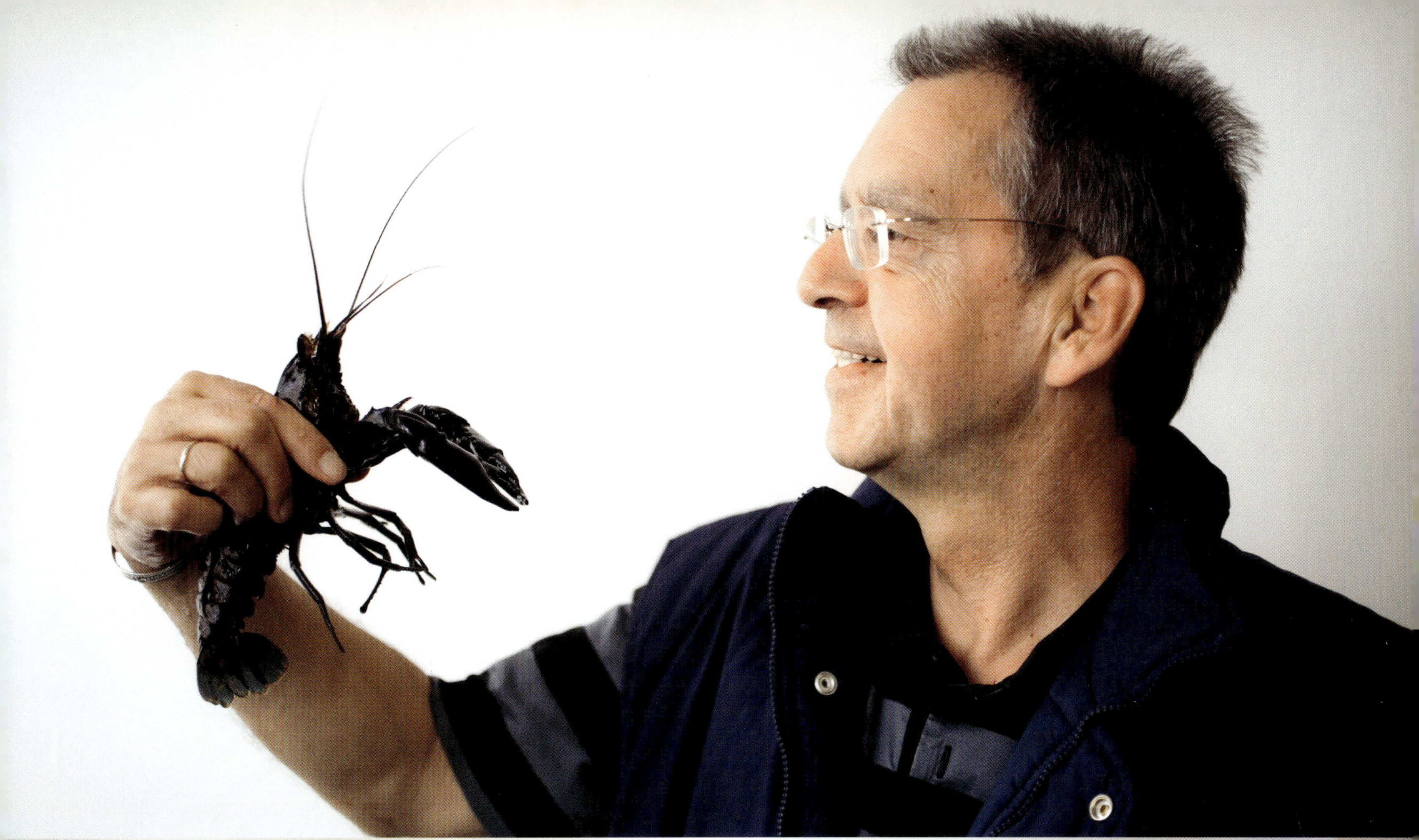
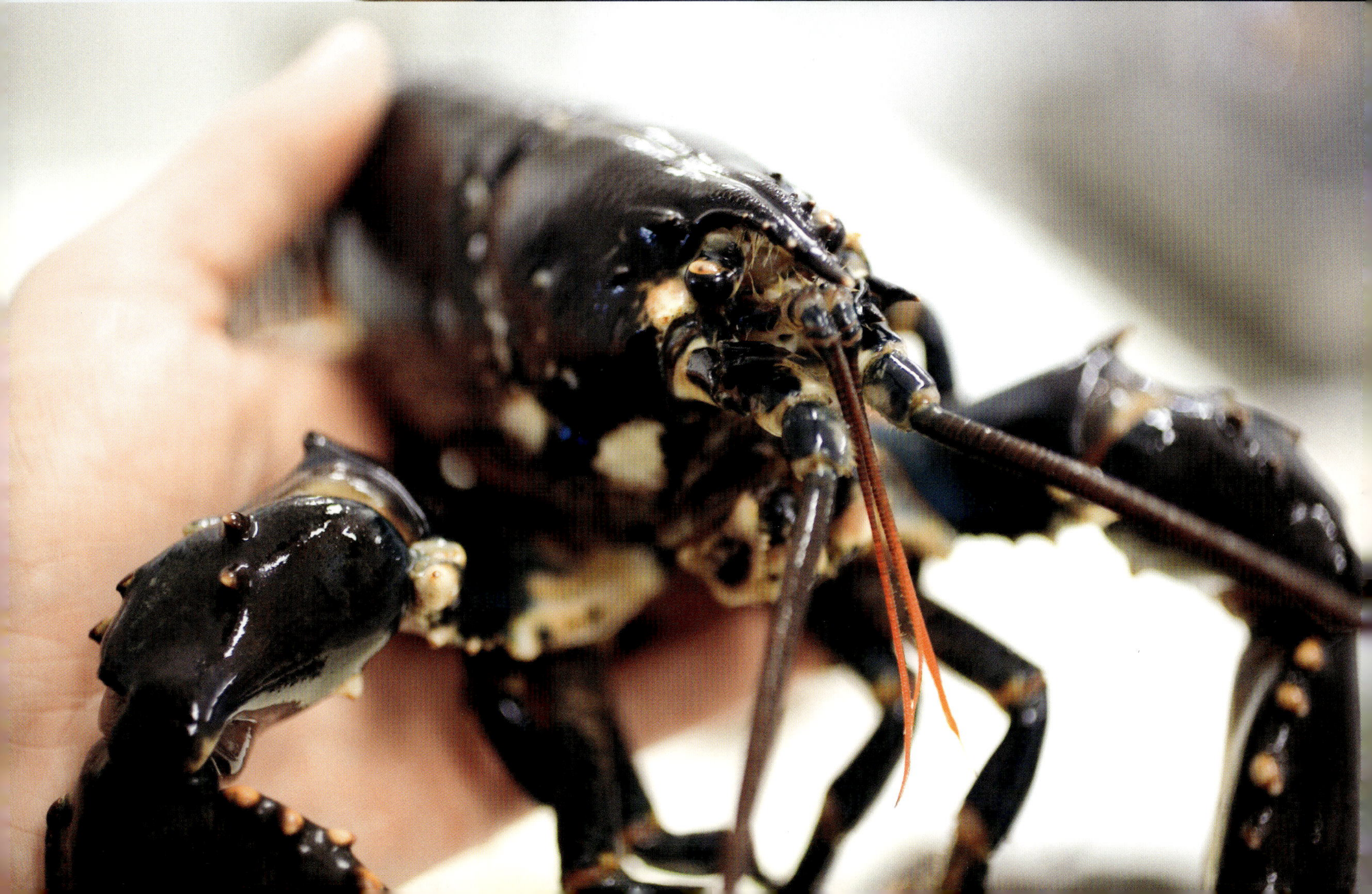

Suprême vom Steinbutt
mit Trüffelinfusionen
Sellerietascherl

Zubereitung

Suprême vom Steinbutt mit Trüffelinfusionen Zwei Trüffelknollen in ganz feine Würfel schneiden. Die Hälfte davon mit Selleriefond in der Moulinette äußerst fein mixen und in eine Spritze mit Nadel füllen (in der Apotheke erhältlich). Die zweite Hälfte für eine Trüffeltampenade im Mörser mit 40 Milliliter Olivenöl zermahlen. Die dritte Knolle zum Hobeln beiseitelegen.

Die Steinbutttranchen mit der Trüffelinfusion mehrmals spicken. In einer Pfanne mit der Butter und etwas Olivenöl sowie dem Selleriegrün etwa 2 Minuten glasig auf einer Seite braten und etwa 2 Minuten ziehen lassen. Mit Salz und Pfeffer würzen.

Sellerietascherl Vom Sellerie und Trüffel je 8 hauchdünne Scheiben herunterschneiden. Die Selleriescheiben ausstechen, diese sollten etwas größer sein als die Trüffelscheiben. Kurz blanchieren, abschrecken, trocken tupfen und mit einer Trüffelscheibe belegen. Das Selleriepüree darauf verteilen. Die Ränder mit Ei bestreichen und zusammenklappen. Im Dämpfkorb etwa 2 Minuten aufdämpfen. Mit brauner Butter beträufeln.

Das Grün vom Sellerie abzupfen und frittieren. Den Staudensellerie in Streifen schneiden, im Selleriefond bissfest garen. Mit Salz und Pfeffer würzen.

Fertigstellung

Den Steinbutt zusammen mit den Sellerietascherl, etwas Selleriepüree, dem Staudensellerie und dem frittierten Selleriegrün anrichten. Trüffel darüberhobeln und mit Fischsauce und Trüffeltampenade verfeinern.

Suprême vom Steinbutt mit Trüffelinfusionen

4	Tranchen bretonischer Steinbutt à 130 g
3	Knollen Périgord-Trüffel à 40 g
30 ml	Selleriefond (Grundrezept auf Seite 212) Salz, weißer Pfeffer aus der Mühle Olivenöl, etwas Butter zum Braten
1 EL	Selleriegrün

Sellerietascherl

1	Sellerieknolle, gewaschen und geschält
1	Knolle Périgord-Trüffel (20 g)
4 EL	Selleriepüree (Grundrezept auf Seite 219)
1	Ei zum Bestreichen braune Butter zum Beträufeln
1	Stange Staudensellerie mit Grün
125 ml	Selleriefond (Grundrezept auf Seite 212) Salz, Pfeffer aus der Mühle

Fischsauce

Grundrezept auf Seite 208

Lotte de mer mit geliertem Oktopus

Safran-Gewürz-Aufguss

Zubereitung

Gelierter Oktopus Den Oktopus in reichlich Wasser aufkochen und abschäumen. Den Essig und die Gewürze zugeben und leicht salzen. Circa 3 bis 4 Stunden bei schwacher Hitze kochen, er sollte einen leichten Biss haben, dann aus dem Fond nehmen. 400 Milliliter des Fonds auf 200 Milliliter reduzieren und das Agar-Agar einrühren, aufkochen und beiseitestellen. Den Kopf und die Fangarme vom Oktopus herunterlösen und die Haut abziehen. Noch warm in eine rechteckige Form pressen und mit dem reduzierten Fond übergießen. 24 Stunden kalt stellen. Die Terrine stürzen und feine Scheiben herunterschneiden. Auf einen Teller legen und leicht erwärmen.

Lotte Die Lottescheiben in Weißbrotbröseln wenden und in Olivenöl anbraten, einen Rosmarinzweig zugeben und am Herdrand auf den Punkt ziehen lassen. Die Kapernbeeren im Tempurateig wenden und in Olivenöl knusprig ausbacken.

Muschelkompott Die Schalotte anschwitzen, Kapernblüten, Oliven, Paprika und Rosmarinzweig zugeben und leicht mitrösten. Die fein geschnittenen Calamaretti und die Venusmuscheln zugeben und mit Weißwein ablöschen. Den Geflügelfond angießen und leicht reduzieren lassen. Mit Salz, Pfeffer und Limonensaft würzen.

Fertigstellung

Das Muschelkompott und eine gebackene Kapernbeere auf den warm gelierten Oktopusscheiben anrichten und die Lotte anlegen. Safran-Gewürz-Aufguss dazu reichen. Mit Rosmarinnadeln garnieren.

Gelierter Oktopus
(24 Stunden geliert)

1	kleiner Oktopus, ca. 400 g
je 50 g	Sellerie und Karotte, geschält
50 g	Lauch, gewaschen
1	Rosmarinzweig
100 ml	Weißweinessig
5	Pfefferkörner
2	Wacholderbeeren
	Tempuramehl, angerührt (Asiafachmarkt)
	Olivenöl

Lotte de mer

4	Scheiben Lotte de mer à 130 g
4 EL	Weißbrotbrösel
1	Rosmarinzweig
4	Kapernbeeren
½ TL	Agar-Agar
	Olivenöl zum Anbraten und Ausbacken

Muschelkompott

1	Schalotte, geschält und fein geschnitten
1 EL	Kapernblüten
4	schwarze Oliven, halbiert und entsteint
je ½	rote und gelbe Paprika, geschält und in feine Streifen geschnitten
1	Rosmarinzweig
2	Calamaretti, küchenfertig
4	Venusmuscheln
4 cl	Weißwein
30 ml	Geflügelfond (Grundrezept auf Seite 208)
	Salz, Pfeffer aus der Mühle, Limonensaft

Safran-Gewürz-Aufguss
Grundrezept auf Seite 211

Souffliertes Bodenseefelchen
mit Steinpilz-Mille-Feuille
Felchenkaviar

Zubereitung

Souffliertes Bodenseefelchen Die Fischfarce mit dem aufgeschlagenen Eiweiß und der Sahne vorsichtig vermengen. Einen Steinpilz würfeln, den anderen in Scheiben schneiden. Die Scheiben in Olivenöl anbraten und mit Salz, Pfeffer und Zitronensaft würzen, auskühlen lassen. Die Würfel und das Basilikum unter die Farcemasse heben, eventuell nachwürzen.

Die Felchen von der Bauchhöhle ausgehend entgräten und den Kopf entfernen. Mit Salz und Pfeffer würzen. Je eine 3 Zentimeter dicke Scheibe herunterschneiden und auf der Innenseite sowie auf der oberen Seite mit der vorbereiteten Fischfarce bestreichen. Auf die obere Seite je eine Steinpilzscheibe legen. Einen Dämpfkorb mit dem Fischfond, dem Noilly Prat und den Gewürzen vorbereiten. Die Fischstücke mit Olivenöl überglänzen, in den Dämpfkorb legen und über Dampf circa 8 bis 10 Minuten garen (Nadelprobe).

Fertigstellung

Den Fisch zusammen mit der soufflierten Scheibe, dem Kaviar und dem Steinpilz-Mille-Feuille anrichten. Mit der Steinpilzsauce umgießen. Fischsauce extra dazu servieren und eventuell mit Basilikum ausgarnieren.

Souffliertes Bodenseefelchen

4	Bodenseefelchen à 250 g, küchenfertig, aber im Ganzen
100 g	Fischfarce (Grundrezept auf Seite 207)
1	Eiweiß
2 EL	Sahne, halb steif geschlagen
2	kleine Steinpilze
1 TL	Basilikum
250 ml	Fischfond (Grundrezept auf Seite 208)
4 cl	Noilly Prat
1	Lorbeerblatt
2	Wacholderbeeren
4	Pfefferkörner
1	Rosmarinzweig Salz, weißer Pfeffer aus der Mühle Olivenöl Zitronensaft
4	Kaffeelöffel Kaviar

Steinpilz-Mille-Feuille
Grundrezept auf Seite 219
Fischsauce
Grundrezept auf Seite 208

Donauwaller aus dem Meerrettichdampf
Lardo und Rote-Rüben-Reduktion

Zubereitung

Donauwaller Das Fischfilet mit Salz und Pfeffer würzen. In Olivenöl, Butter und mit dem Thymian beidseitig kurz abbraten, auskühlen lassen und mit dem Lardo umwickeln. Den Fischfond aufkochen und die Gewürze zugeben. Zur Hälfte reduzieren lassen. Den Meerrettich zufügen und kurz ziehen lassen. Es soll nur noch so viel Flüssigkeit vorhanden sein, dass der Fisch nicht im Sud liegt. Den Fisch hineinlegen, mit Alufolie luftdicht verschließen und circa 6 bis 8 Minuten darin garen. In Stücke schneiden und wenig Maldonsalz darübergeben. Den Sud passieren und beiseitestellen.

Rote-Rüben-Reduktion Champignons und Schalotten in Olivenöl farblos anschwitzen. Mit Rübensaft, Geflügelfond, Balsamico sowie Fischfond aufgießen. Die Räucherfischabschnitte und den Thymian dazugeben, einmal aufkochen lassen und dann bei kleiner Hitze ziehen lassen. Mit Salz, Pfeffer, Zucker und Cayennepfeffer abschmecken und anschließend durch ein feines Sieb passieren. Die Rübenwürfel sowie den gehackten Thymian unterrühren und kalt stellen. Den Meerrettichsud dazugeben und die Flüssigkeit auf ein Drittel einreduzieren, mit Butter aufmontieren. Die Gnocchi im Sud schwenken. Die Rübenwürfel mit Salz und Pfeffer würzen und leicht erwärmen.

Fertigstellung

Den Donauwaller zusammen mit den Gnocchi, den Rote-Rüben-Würfeln und der Reduktion anrichten. Auf den Fisch etwas frisch geriebenen Meerrettich geben. Eventuell mit Kohlrabigemüse und -püree servieren (Kohlrabipüree auf der gleichen Basis herstellen wie das Selleriepüree auf Seite 219).

Donauwaller aus dem Meerrettichdampf

1	Filet vom Donauwaller (ca. 550 g)
1	Thymianzweig
	Olivenöl und etwas Butter zum Braten
2	Thymianzweige
8	Scheiben Lardo, hauchdünn geschnitten
	Salz, weißer Pfeffer aus der Mühle
½ l	Fischfond (Grundrezept auf Seite 208)
1	Lorbeerblatt
3	Pfefferkörner
2	Wacholderbeeren
1	Sternanis
1	Nelke
5 EL	frischer Meerrettich, gerieben
	Maldonsalz

Rote-Rüben-Reduktion

50 g	Champignons, gewaschen und klein geschnitten
50 g	Schalotten, geschält und klein geschnitten
	Olivenöl
100 ml	frischer Rote-Rüben-Saft
25 ml	Geflügelfond (Grundrezept auf Seite 208)
10 ml	weißer Balsamico
25 ml	Fischfond (Grundrezept auf Seite 208)
100 g	Räucherfischabschnitte
1	Thymianzweig
	Salz, Pfeffer, Zucker, Cayennepfeffer
1 TL	frischer Thymian, gehackt
10 g	Butter
2 EL	grob geschnittene, gekochte Würfel Rote Rübe
8	Gnocchi (Grundrezept auf Seite 215)

Stör aus dem Hagebuttenrauch
Apfel-Blutwurst-Cannelloni

Zubereitung

Stör aus dem Hagebuttenrauch Das Räuchergut mit den Hagebuttenblüten vermengen. 3 Minuten anräuchern. Mit Salz und Pfeffer würzen und in Olivenöl und Butter rundherum anbraten. Die Kräuter zugeben und das Fischfilet immer wieder übergießen. Anschließend im Ofen bei 160 °C etwa 2 Minuten glasig garen, rasten lassen. Das Filet in 4 gleich große Stücke schneiden.

Fertigstellung

Auf dem geräucherten Stör die Cannelloni anrichten. Dazu kann man etwas Blutwurst, Apfelperlen und gebackene Kartoffelwürfel servieren. Die Hagebuttensauce extra dazu reichen.

Stör aus dem Hagebuttenrauch
1 Störfilet ohne Haut, ca. 520 g
Salz, weißer Pfeffer aus der Mühle
Olivenöl und Butter zum Anbraten
je 1 Rosmarin- und Thymianzweig
2 EL Hagebuttenblüten

Zum Räuchern
Grundrezept auf Seite 221
Apfel-Blutwurst-Cannelloni
Grundrezept auf Seite 213
Hagebuttensauce
Grundrezept auf Seite 209

Loup de mer
auf Fenchelholz flambiert
Safran-Fenchel-Cassoulet

Zubereitung

Loup de mer auf Fenchelholz flambiert Für die Fülle die Schalotten, Champignons und Chorizo mit dem Rosmarin in Olivenöl anschwitzen. Das Safranpulver zugeben und mit Noilly Prat und Weißwein ablöschen. Mit Muschelsud und Krustentierfond auffüllen und auf die Hälfte reduzieren lassen. Den Spinat und den Fenchel zugeben, ebenso Tomaten und Fenchelgrün. Die Butter beifügen und alles zusammen sämig einkochen. Auskühlen lassen. Mit Salz und Pfeffer würzen. Den Rosmarin entfernen.

Den Loup de mer schuppen und vom Rücken her ausnehmen und entgräten, ohne die Bauchdecke zu beschädigen. Den Fisch mit Salz und Pfeffer würzen und die Fülle hineingeben. Mit einer Bratenschnur fixieren.

Butter und Olivenöl in einer Pfanne erhitzen und den Loup de mer auf beiden Seiten mit den Kräutern und den Chorizoscheiben abbraten. Den Loup de mer mit Salz und Pfeffer würzen und in einem Topf auf dem Fenchelholz mit dem Pernod flambieren. Mit Fischfond ablöschen und mit Alufolie luftdicht verschließen. Im Backofen bei 190 °C circa 14 bis 16 Minuten garen (Nadelprobe).

Fertigstellung

Am Tisch Tranchen vom Loup de mer herunterschneiden. Die restliche Fülle in der Schale servieren. Püree und Safran-Fenchel-Cassoulet dazu anrichten. Mit Chorizoscheiben und Fenchelgrün ausgarnieren. Fischsauce separat servieren.

Für 6 Personen

Loup de mer auf Fenchelholz flambiert

1	Loup de mer, ca. 2 kg, „Wildfang"
3	Lorbeerblätter
2	Rosmarinzweige
	einige Scheiben Chorizo
50 g	Fenchelholz (Reformhaus)
	Pernod zum Flambieren
125 ml	Fischfond (Grundrezept auf Seite 208)
	Butter und Olivenöl zum Braten

Für die Fülle:

3	Schalotten, klein geschnitten
60 g	Champignons, gewaschen und geviertelt
50 g	Chorizo, fein gewürfelt
1	Rosmarinzweig
1 Prise	Safranpulver
5 cl	Noilly Prat
5 cl	Weißwein
100 ml	Muschelsud (Safran-Fenchel-Cassoulet, Grundrezept auf Seite 218)
100 ml	Krustentierfond (Grundrezept auf Seite 207)
200 g	Spinat, gewaschen und blanchiert
100 g	Fenchel, in feine Streifen geschnitten und blanchiert
je 2	vollreife rote und grüne Tomaten, gehäutet, geviertelt und entkernt
1 TL	Fenchelgrün
20 g	Butter
	Salz, Pfeffer aus der Mühle
	Olivenöl zum Braten

Safran-Fenchel-Cassoulet
Grundrezept auf Seite 218
Fenchelpüree
Grundrezept auf Seite 215
Fischsauce
Grundrezept auf Seite 208

Frikassee vom bretonischen Hummer in Bohnenkrautvelouté

Zubereitung

Bretonischer Hummer   Reichlich Wasser mit dem Gemüse zum Kochen bringen. Die Hummer circa 3 Minuten kochen und danach in Eiswasser abschrecken. Der Länge nach halbieren und die Innereien und Därme herauslösen. Mit kaltem Wasser gut abspülen. Die Scheren ebenso aufbrechen. Den Sud zum Wärmen beiseitestellen. Die übrig gebliebenen Karkassen für spätere Fonds oder Saucen aufheben. In einer Pfanne Olivenöl erhitzen, das Bohnenkraut hinzufügen und den Hummer kurz darin schwenken. Mit Salz und Pfeffer würzen.

Weiße Bourbon-Pfirsich-Cannelloni   Den Zucker in einer Pfanne leicht karamellisieren. Die Pfirsiche zugeben und mit Pfirsichlikör und Weißwein ablöschen. Das Bohnenkraut darübergeben und mit Salz und Cayennepfeffer würzen. Mit Alufolie abdecken und im Backofen weich schmoren. Anschließend die Pfirsiche schälen und zwei davon in Würfel, den dritten in Spalten schneiden. Die Pfirsichwürfel und die Hälfte vom Sud unter das Bohnenpüree mengen. Den Nudelteig dünn ausrollen und 4 Quadrate von 6 x 6 Zentimetern ausschneiden. Den Teig kurz blanchieren und abschrecken, gut trocken tupfen. Die Fülle in die Mitte setzen und die Teigquadrate einrollen. Die Cannelloni in eine Pfanne setzen, mit restlichem Sud übergießen und die Spalten dazugeben. Zudecken und leicht erwärmen. Mit brauner Butter beträufeln.

Fertigstellung

Die Cannelloni auf einem Teller anrichten, den Hummer dazulegen und mit den Spalten und verschiedenen glacierten Bohnen und Bohnenkraut ausgarnieren. Die Bohnenvelouté angießen.

Bretonischer Hummer

2	europäische Hummer à 600 g
je 100 g	Stangensellerie, Karotten, Lauch, gewaschen und klein geschnitten
2	Bohnenkrautzweige
	Olivenöl
	Salz und weißer Pfeffer aus der Mühle

Weiße Bourbon-Pfirsich-Cannelloni

20 g	Zucker
3	vollreife weiße Pfirsiche, halbiert und entkernt
4 cl	Pfirsichlikör
4 cl	Weißwein
2	Bohnenkrautzweige
4 EL	Bohnenpüree (Grundrezept auf Seite 214)
	Salz und Cayennepfeffer
150 g	Nudelteig (Grundrezept auf Seite 217)
1	Eigelb zum Bestreichen
1 EL	braune Butter

Bohnenkrautvelouté

Grundrezept auf Seite 208

Gebackener Hecht vom Attersee

Koriander-Bratkartoffel-Gelee

Ragout vom geräucherten Schweinefuß

Zubereitung

Gebackener Hecht Das Filet der Mitte entlang halbieren (Schmetterlingsschnitt) und zwischen zwei Frischhaltefolien leicht plattieren. Das Eiweiß halb steif schlagen und zusammen mit der Sahne unter die Farce heben. Eventuell nachwürzen. Dünn auf den Fisch auftragen und in einer Frischhaltefolie straff einrollen. Den Fischfond auf 65 °C erhitzen und die Hechtrolle 6 bis 7 Minuten darin pochieren. Herausnehmen, die Folie entfernen und den Fisch mit Salz und Pfeffer würzen. In Mehl, Ei und Bröseln panieren und in Butterschmalz schwimmend circa 3 bis 4 Minuten goldgelb ausbacken. In Tranchen schneiden.

Geräucherter Schweinefuß Den Schweinefuß 7 bis 8 Stunden in kaltem Wasser gut wässern. Schweinefuß mit dem Gemüse, Weißwein, Suppengrün und den Gewürzen in einem Topf mit 3 Litern leicht gesalzenem Wasser langsam aufkochen und circa 2 bis 3 Stunden weich garen. Das Fleisch noch warm vom Knochen lösen und im vorbereiteten Räucherofen 3 bis 4 Minuten aufräuchern, anschließend in Streifen schneiden. Mit Salz und Pfeffer würzen. Mit der Schweinebratensauce vermengen, Koriander und Gemüsewürfel hinzugeben.

Fertigstellung

8 Esslöffel Kartoffelpüree erhitzen und in eine rechteckige Form füllen. Das Bratkartoffelgelee daraufsetzen. Mit dem Schweinefußragout ausgarnieren. Den Hecht anlegen. Dazu Flusskrebse und etwas Krustentierfond und Safran-Gewürz-Aufguss servieren. Mit Koriander ausgarnieren.

Gebackener Hecht

1	Hechtfilet ohne Haut, ca. 520 g, entgrätet
	Salz, weißer Pfeffer aus der Mühle
100 g	Krustentierfarce (Grundrezept auf Seite 207)
1	Eiweiß
2 EL	Sahne, halb steif geschlagen
½ l	Fischfond (Grundrezept auf Seite 208)
	Panade aus Mehl, Ei und Bröseln
	Butterschmalz zum Ausbacken

Ragout vom geräucherten Schweinefuß

1	Schweinefuß
2	Karotten, gewaschen und klein geschnitten
1	Lauchstange, gewaschen und klein geschnitten
1	kleine Sellerieknolle, gewaschen und klein geschnitten
150 ml	Riesling
10 weiße	Pfefferkörner
je 1	Blattpetersilien- und Liebstöckelzweig
1	frisches Lorbeerblatt
2	Thymianzweige
	Salz, weißer Pfeffer aus der Mühle
60 ml	Schweinebratensauce oder ersatzweise Kalbsjus
1 Msp.	Koriander, fein geschnitten
1 EL	fein geschnittene und blanchierte Gemüsewürfel (Karotte, Sellerie, Lauch)

Safran-Gewürz-Aufguss
Grundrezept auf Seite 211

Koriander-Bratkartoffel-Gelee
Grundrezept auf Seite 216

Flusskrebse
Rezept auf Seite 48

Kartoffelpüree
Grundrezept auf Seite 216

Zum Räuchern
Grundrezept auf Seite 221

Savarin vom Hokkaidokürbis und Neusiedlersee-Zander

Zubereitung

Neusiedlersee-Zander Butter und Olivenöl in einer Pfanne erhitzen und die Kräuter zugeben. Den Zander mit Pfeffer würzen und auf der Hautseite anbraten, dabei mehrmals übergießen. Im Backofen bei 160 °C 3 Minuten garen. Aus dem Ofen nehmen, nochmals mit dem Bratenrückstand übergießen und mit Maldonsalz bestreuen.

Marinierter Zander Für die Marinade den Zucker in einem Topf zergehen lassen. Den Apfel fein gerieben zugeben und mit Apfelessig und Fischfond ablöschen. Vom Herd nehmen und alle übrigen Zutaten zugeben. Mit Salz, Pfeffer und Limonensaft kräftig abschmecken. 15 Minuten ziehen lassen. Durch ein feines Sieb über das Zanderfilet gießen und 24 Stunden darin marinieren. Aus dem Sud nehmen und das Filet in hauchdünne Scheiben schneiden. Unter einer Klarsichtfolie leicht erwärmen.

Fertigstellung

Den Zander zusammen mit dem Savarin platzieren. Den marinierten Zander auf den Savarin geben. Die Sauce dazu reichen. Eventuell mit Kürbischips und Thymian ausgarnieren.

Neusiedlersee-Zander
(24 Stunden marinieren)

4	Zanderfilets à 140 g, küchenfertig
je 1	Rosmarin- und Thymianzweig
	weißer Pfeffer aus der Mühle
	Maldonsalz
	Olivenöl und Butter zum Braten

Roh marinierter Zander

1	Zanderfilet à 400 g
10 g	Zucker
½	Apfel
10 ml	Apfelessig (trinkreif)
120 ml	Fischfond
	(Grundrezept auf Seite 208)
1 TL	Ingwer, frisch gerieben
5 g	Zitronengras, klein geschnitten
½ TL	Wasabipulver
4 EL	Haselnussöl
4 EL	Traubenkernöl
2 Blatt	Koriander, in feine Streifen geschnitten
	Salz, Pfeffer aus der Mühle, Limonensaft

Kürbissavarin
Grundrezept auf Seite 216
Kürbistränke und Kürbissauce
Grundrezept auf Seite 207

Seezunge am Stück gedämpft
Lauwarm gelierter Schafskäse
„provençale"

Zubereitung

Seezunge am Stück gedämpft Die Seezungen vom Kopf befreien und entschuppen. Die Innereien entfernen und gründlich waschen. Die Seezungen an beiden Hautoberflächen mit einem scharfen Messer einritzen. Mit Salz und Pfeffer würzen. Den Fischfond aufkochen, 1 Rosmarinzweig und die anderen Gewürze zugeben. Die Seezungen in einen Dämpfkorb geben und über dem Fischfond 8 bis 10 Minuten dämpfen (Nadelprobe). Die Tomatenzungen in feine Würfel schneiden. Die Zucchinostreifen kurz mit dem zweiten Rosmarinzweig anbraten. Nun die Tomaten und die Oliven zugeben, mit Salz und Pfeffer würzen.
Die gehackten Oliven für die Oliventampenade im Mörser zermahlen und mit 40 Milliliter Olivenöl vermengen.

Fertigstellung

Die Seezunge mit brauner Butter beträufeln und ein Filet etwas von der Carcasse lösen. Das Zucchinigemüse zur Seezunge anrichten. Schafskäsehobel darüberstreuen. Den gelierten Schafskäse aufschneiden und dazulegen. Mit Fischsauce und Oliventampenade servieren. Mit Rosmarin ausgarnieren.

Seezunge am Stück gedämpft
- 4 kleine Seezungen à 200 g
- ½ l Fischfond
  (Grundrezept auf Seite 208)
- 2 Rosmarinzweige
- 1 Lorbeerblatt
- 3 Pfefferkörner
- 2 Wacholderbeeren
- 1 Sternanis
- 1 Nelke
- 4 Zungen von getrockneten Ofentomaten
  (Grundrezept auf Seite 215)
- 1 kleiner Zucchino, in Streifen geschnitten
- 12 schwarze Oliven, entsteint und geviertelt
  etwas Schafskäse (nicht zu weich), gehobelt
  Salz, weißer Pfeffer aus der Mühle
- 15 schwarze Oliven, entsteint und fein gehackt
  Olivenöl
  etwas braune Butter zum Beträufeln

Lauwarm gelierter Schafskäse „provençale"
Grundrezept auf Seite 216
Fischsauce
Grundrezept auf Seite 208

Soufflé vom Heilbutt mit Basilikum

Hummertramezzini

Zubereitung

Soufflé 4 Dariolformen von 4 Zentimetern Durchmesser mit dem Lardo so auslegen, dass man die Soufflémasse später mit ihm zudecken kann. Das Eiweiß zusammen mit der Sahne unter die Heilbuttfarce heben. Eventuell nachwürzen. Ein Drittel der Soufflémasse in die Form einfüllen und eine Kugel vom Basilikumgelee in die Mitte platzieren. Mit der restlichen Masse bedecken, den Lardo darüberschlagen. 3 bis 4 Stunden gut durchkühlen lassen. Im Wasserbad bei 160 °C etwa 9 bis 10 Minuten garen. Vorsichtig aus der Form stürzen. Den Krustentierfond auf 150 Milliliter reduzieren lassen, mit der Butter aufmontieren. Mit Salz und Pfeffer würzen.

Fertigstellung

Den Krustentierfond auf die Teller verteilen und das Soufflé daraufstürzen. Dazu das Hummertramezzini servieren. Mit Pesto und frittiertem Basilikum ausgarnieren.

Soufflé

200 g	Heilbuttfilet, verarbeitet als Fischfarce (Grundrezept auf Seite 207)
8	Scheiben Lardo, hauchdünn geschnitten
2	Eiweiß, halb steif geschlagen
4 EL	Sahne, halb steif geschlagen
½ l	Fischfond (Grundrezept auf Seite 208) Panade aus Mehl, Ei und Brösel Butterschmalz zum Ausbacken
4	Kugeln Basilikumgelee (Grundrezept auf Seite 220)
400 ml	Krustentierfond (Grundrezept auf Seite 210)
20 g	Butter Meersalz, weißer Pfeffer aus der Mühle

Hummertramezzini

Grundrezept auf Seite 221

Verantwortung

Die im elsässischen Bischoffsheim, rund 30 Kilometer südöstlich von Straßburg gelegene *Ferme Jean Paul Schmitt*, ist einer der letzten Traditionsbetriebe zur handwerklichen Herstellung von Enten- und Gänsestopfleber in ganz Frankreich, wo rund 80 Prozent der Weltproduktion erzeugt werden. Im Jahr 2005 erklärte die Französische Nationalversammlung die Foie gras gar zum „nationalen und gastronomischen Kulturerbe".

Heute stammen fast alle Stopflebern von Mulards, einer robusten Hybridzüchtung aus männlichen Barbarie- und weiblichen Peking-Enten. Die Gänsestopfleber liefert dagegen die Toulouser bzw. Straßburger Gans, deren Zucht und Haltung weitaus anspruchsvoller sind. Aktuell macht Gänseleber aber nur noch circa 5 Prozent der gesamten Produktion aus – vor 40 Jahren war dieses Verhältnis noch umgekehrt.

Ob Gänse- oder Entenleber ist aber weniger eine Qualitätsfrage, sondern eher Geschmackssache. Entenleber (Foie gras de canard) ist dunkler in der Farbe und besticht durch einen delikaten, leicht bitteren, mit Moschusanklängen untermalten Geschmack, neigt aber beim Erwärmen zu vorschnellem Schmelzen. Gänseleber (Foie gras d'oie) präsentiert sich geschmacklich deutlich zurückhaltender, gleichzeitig aber tiefer und aristokratischer, gepaart mit einer subtilen Süße. Sie ist, je nach Herkunft und Fütterung der Tiere, mal eher elfenbeinfarben und besonders cremig (Toulouse), mal eher rosig und etwas fester (Straßburg) oder auch leicht gelblich (Ungarn). Sie bleibt dank eines höheren Collagen-Anteils auch generell besser in Form. Einer der Foie-gras-Klassiker auf der Karte des Rosengartens ist eine Marinierte Gänsestopfleber mit Zartbitterschokolade und Banyulsgelee.

Wichtig für Aroma und Textur ist aber auch die Jahreszeit: Während frische Gänseleber nur zur Wintersaison angeboten wird, ist Entenleber das ganze Jahr über verfügbar. Die besonders feinen und zarten Winterlebern eignen sich besonders für Parfaits und Terrinen; die etwas gröberen Sommerlebern sind weniger fett, stärker von Äderchen durchzogen und besser zum Braten geeignet.

Das Zentrum der Gänseleberproduktion liegt, wie schon seit rund 250 Jahren, rund um Straßburg. Der überwiegende Teil der Entenstopflebern stammt dagegen aus Aquitanien und dem Midi im Südwesten Frankreichs, vor allem aus den Departements Dordogne, Gers, Haut-Garonne und Landes. Die Leber aus Landes genießt unter vielen Feinschmeckern dabei einen besonders guten Ruf. Allerdings arbeiten dort, anders als im Elsass, viele Betriebe in industriellem Maßstab.

Ganz anders auf der Ferme der Schmitts – alle Arbeitsschritte liegen dort noch in einer Hand. Nur ein bis zwei Tage sind die Küken alt, wenn sie auf dem Hof angeliefert werden. Die ersten Wochen verbringen die Küken unter Wärmestrahlern im schützenden Stall, bis sich ihr Flaum oder Federkleid so weit entwickelt hat, dass sie in Freilandgatter entlassen werden können. Dort haben sie den ganzen Tag freien Auslauf und kehren nur nachts in den schützenden Stall zurück – in dieser Zeit können die Tiere so viel fressen wie sie wollen.
Die Aufzucht der Enten dauert rund 12 bis 14 Wochen, an die sich eine 14-tägige Mast, die Gavage, anschließt. Gänse brauchen fast doppelt so lange, bis sie schlachtreif sind.

Während der Gavage sind die Tiere in einem abgedunkelten Stall untergebracht, in dem große Ventilatoren für ein angenehmes Klima sorgen. Jeweils 10 bis 12 Tiere teilen sich ein Gatter, in dem sie sich auch in dieser Phase frei bewegen können – Käfige gibt es auf der Ferme von Jean Paul Schmitt nicht. Als Futter bekommen die Tiere in dieser Phase zweimal täglich etwa 900 Gramm selbst angebauten Mais und Wasser.

Bei Aufzucht, Gavage und Schlachtung wird alles getan, um den Stresslevel der Tiere so niedrig wie möglich zu halten – nur dann, weiß Schmitt, ist auch die Qualität der Lebern optimal. Dazu gehört auch, dass die Stallungen in der Nacht mit leiser klassischer Musik beschallt werden. „Ich habe beobachtet, dass die Tiere dann deutlich entspannter sind. Dazu trägt auch bei, dass die Tiere niemals von verschiedenen Personen gefüttert werden, sondern immer nur eine Bezugsperson haben", so Schmitt. Schließlich werden die Tiere direkt auf dem Hof geschlachtet und weiterverarbeitet.

Weil solche Bedingungen eher die Ausnahme sind, sollten Genießer beim Kauf ihrer Stopflebern immer darauf achten, wo und von wem sie erzeugt wurden. Bei der Ferme Schmitt besteht sogar die Möglichkeit, die Stallungen und die Aufzucht zu besichtigen.

Doch bei Schmitt werden nicht nur die Lebern der Tiere veredelt – neben Klassikern wie Rilettes, geräucherter Magret und eingemachten Cuisses de canard stellt er auch andere Geflügelspezialitäten her – darunter eine köstliche Entensalami. Vertrieben werden diese Delikatessen von Jean Paul Schmitt direkt ab Hof, auf lokalen Märkten und von der Société d'Exploitation Hubert Spiegel, dem wichtigsten Fleisch- und Geflügellieferanten des Rosengartens.

Hubert Spiegel, früher Maisbauer, gründete seine Firma, die in einem unscheinbaren Flachbau am Rande des Industriegebiets von Selestat bei Colmar residiert, erst Anfang der 90er-Jahre. Durch Mund-zu-Mund-Propaganda wurde er schnell weit über die Grenzen des Elsass hinaus bekannt – innerhalb nur eines Jahrzehnts avancierte er so zu einem der exklusivsten und wichtigsten Partner der deutschen und österreichischen Topgastronomie.

Ob Bresse- und Dombes-Geflügel von Mieral, frisches Wild, Milchlamm aus den Pyrenäen oder aus Paulliac, das unvergleichliche Schweinefleisch vom Noir de Bigorre oder das unübertroffene Simmenthaler Kalb- und Rindfleisch – Spiegel stellt auch die anspruchsvollsten Küchenchefs zufrieden. ▍

Gratinierter Hirschkalbsrücken mit Cassis

Feigen-Kichererbsen-Gâteau

Zubereitung

Hirschrücken mit Cassis Den Hirschrücken mit Rosmarin und Thymian in Butter und Olivenöl rundherum goldbraun anbraten. Auf ein Backblech geben und mit dem Bratensatz aus der Pfanne übergießen. Im Backofen bei 160 °C circa 4 bis 5 Minuten garen. Herausnehmen und weitere 5 Minuten rasten lassen. Die Schalotten zusammen mit dem Speck in Olivenöl anrösten. Die Weißbrotwürfel in Butter goldgelb herausbacken. Den Cassis auf die Hälfte reduzieren und die Beeren darin marinieren. Schalotten, Speck, Weißbrotwürfel, Heidelbeeren, Rindermark und Thymian vermengen und mit Salz und Pfeffer abschmecken. Den Hirschrücken nochmals mit den Kräutern glacieren. Mit der Gratiniermasse bedecken und überbacken.

Eingelegte Feigen Den Honig zusammen mit dem Rosmarin erhitzen und aufschäumen. Mit Cassis, Rotwein und Portwein ablöschen und den Balsamico zugeben. Die Feigen schälen und in den Sud geben. 24 Stunden im Kühlschrank marinieren lassen.

Gâteau Kichererbsenmehl, Salz, Zucker und Öl vermengen und das Eigelb unterrühren. Weißwein zugeben und gut verrühren. Das Eiweiß steif schlagen und unter die Eigelbmasse heben. Einen Ausstechring im Durchmesser der Feigen mit Butterpapier auskleiden und in eine ausgebutterte Pfanne setzen. Die Masse 1 Zentimeter hoch einfüllen und im Backofen circa 6 bis 7 Minuten bei 180 °C backen. Aus der Form nehmen. Die Gänseleber mehlieren und auf den Punkt braten. Mit Salz und Pfeffer würzen.
Die Feigen aus dem Sud nehmen und in Scheiben schneiden und schichtweise mit der Gänseleber und dem Kichererbsenküchlein zu einem Gâteau zusammen setzen. Mit der Feigensauce übergießen.

Fertigstellung

Den gratinierten Hirschrücken mit dem Feigen-Kichererbsen-Gâteau anrichten. Eventuell glacierte Enokipilze dazugeben. Die Wildsauce dazu reichen.

Hirschrücken mit Cassis
4	Hirschrückenfilets à 140 g
je 1	Rosmarin- und Thymianzweig
	Olivenöl und Butter zum Braten
20 g	Schalotten, in Würfel geschnitten
15 g	Bauchspeck, in Würfel geschnitten
20 g	Weißbrot, in Würfel geschnitten
30 g	Heidelbeeren, halbiert
50 ml	Crème de Cassis
20 g	Rindermark, abgekocht und in feine Würfel geschnitten
1 TL	Thymian, fein gehackt
	Salz und Pfeffer aus der Mühle

Feigen-Kichererbsen-Gâteau
Zum Einlegen der Feigen:
1 EL	Akazienhonig
1	Rosmarinzweig
50 ml	Cassis
50 ml	kräftiger Rotwein
100 ml	roter Portwein
1 EL	alter Balsamico
4	Feigen, fest und reif

Gateâu:
45 g	Kichererbsenmehl
1 Prise	Salz
8 g	Zucker
8 ml	Sonnenblumenöl
1	Eigelb
50 ml	Weißwein
1	Eiweiß
	Butter
	Olivenöl
4	Scheiben Gänseleber à 30 g
	Mehl für die Gänseleber
	Maldonsalz, Pfeffer aus der Mühle

Wildsauce
Grundrezept auf Seite 212

In Barolo geschmorte Kalbswange

Gratinierte Schwarzwurzel-Papardelle

Zubereitung

Geschmorte Kalbswange Die Wangen würzen und in einem Topf mit wenig Butterschmalz rundherum kräftig anbraten, herausnehmen und das Gemüse darin anbraten. Die geschälten Tomaten und das Tomatenmark zugeben und kurz mitrösten. Mit Barolo und Rotweinessig ablöschen. Knoblauch, Kräuter und Gewürze zugeben. Die Wangen auf das Schmorgemüse setzen und mit Kalbsfond auffüllen. Mit Butterpapier abdecken und im vorgeheizten Backofen bei 160 °C circa 2 bis 2,5 Stunden weich schmoren. Die Wangen aus dem Fond nehmen. Den Schmorfond durch ein feines Sieb drücken und zur gewünschten Konsistenz einkochen. Mit der Butter aufmontieren und die Wangen darin warm halten.

Junge Rote Rüben im Essigsud Die Roten Rüben halbieren und im Essigfond erwärmen. Den Radicchio kurz mitschwenken. Die Markscheiben im Salamander erwärmen. Mit Maldonsalz und Pfeffer würzen.

Fertigstellung

Die Kalbswangen mit reichlich Sauce auf den Teller geben. Papardelle dazugeben und das Gemüse darauf verteilen. Das Essiggemüse dazu reichen. Eventuell Trüffel darüberhobeln.

Geschmorte Kalbswange

4	Kalbswangen, küchenfertig
40 g	Zwiebeln, geschält und klein geschnitten
je 40 g	Lauch, Karotten und Sellerie, gewaschen und klein geschnitten
40 g	geschälte Tomaten aus der Dose
½ EL	Tomatenmark
150 ml	Barolo
20 ml	Rotweinessig
1	Knoblauchzehe, zerdrückt
10 g	frischer Pfeffer an der Rispe
1	frisches Lorbeerblatt
2	Wacholderbeeren
1	Thymianzweig
300 ml	Kalbsfond (Grundrezept auf Seite 209) Butterschmalz zum Anbraten
30 g	Butter zum Aufmontieren

Junge Rote Rüben im Essigsud

100 ml	Essigfond (Grundrezept auf Seite 211)
4	Mini-Rote-Rüben, gekocht und geschält
8	Spitzen Treviso-Radicchio
4	Scheiben gekochtes Ochsenmark Maldonsalz und Pfeffer aus der Mühle

Gratinierte Schwarzwurzel-Papardelle

Grundrezept auf Seite 219

Karree und Leber vom Milchkitz

Spargeltarte mit Ibérico-Schinken

Zubereitung

Karree und Leber vom Milchkitz Karrees sauber zuputzen. In Butterschmalz mit den Kräutern rundherum anbraten. Auf ein Backblech setzen und mit dem Bratenrückstand übergießen. Die Knoblauchzehe dazugeben. Im Backofen bei 160 °C 2 bis 3 Minuten garen. Herausnehmen und weitere 5 Minuten warm gestellt rasten lassen. Nochmals in einer Pfanne mit den Kräutern glacieren und mit Salz und Pfeffer würzen. In gleiche Stücke portionieren. Die Kitzleber mit dem Salbei in den Ibérico-Schinken einrollen. In einer Pfanne abbraten und 2 Minuten ziehen lassen. Die Schinkenrollen zu 4 gleichmäßigen Stücken halbieren. Die Anschnitte mit Maldonsalz würzen.

Spargeltarte mit Ibérico-Schinken Den Blätterteig dünn ausrollen und Rechtecke (3 x 4 cm) zurechtschneiden. Mit einer Spicknadel stupfen. Im Backofen bei 200 °C goldbraun backen. Mit Rohrzucker bestreuen und mit einem Bunsenbrenner karamellisieren. Den grünen und weißen Spargel auf die Länge der Tarte schneiden, die Reststücke beiseitestellen. Den Spargel wiederum längs halbieren. Den Spargelfond zusammen mit der Butter zur Hälfte einkochen und leicht salzen. Den Spargel, Gemüsewürfel und die Reststücke des Spargels darin erwärmen. Mit Petersilienstreifen bestreuen. Die Morcheln mit dem Ibérico-Schinken in Olivenöl anschwitzen und würzen.

Fertigstellung

Die Milchkitzkarrees mit der Sauce überglänzen. Auf jeden Tarteboden eine Nocke Spargelpüree, Gemüse sowie eine Scheibe Ibérico-Schinken und zwei Morcheln setzen. Leber-Schinken-Röllchen dazu reichen.

Karree und Leber vom Milchkitz

2	Milchkitzkarrees à 350–400 g
je 2	Rosmarin- und Thymianzweige
1	Knoblauchzehe, zerdrückt
	Butterschmalz zum Braten
	Salz und Pfeffer aus der Mühle
250 ml	Kitzsauce (Grundrezept auf Seite 210)
100 g	Kitzleber
2	Scheiben Ibérico-Schinken
4	kleine Salbeiblätter
	Maldonsalz

Spargeltarte mit Ibérico-Schinken

250 g	Blätterteig (Grundrezept auf Seite 223)
etwas	Rohrzucker
8 Stangen	grüner Spargel, geschält und bissfest gegart
4 Stangen	weißer Spargel, geschält und bissfest gegart
1 EL	Karotten, fein gewürfelt und blanchiert
100 ml	Spargelfond (Grundrezept auf Seite 212)
20 g	Butter
½ TL	Petersilie, in feine Streifen geschnitten
8	frische, nicht zu große Morcheln, gewaschen
4	Scheiben Ibérico-Schinken Olivenöl zum Braten

Spargelpüree

Grundrezept auf Seite 219

Perlhuhn aus Mieral im Römertopf gegart

Pflaumenfondue süß-sauer

Zubereitung

Perlhuhn im Römertopf Vom Perlhuhn die Keulen herunterlösen und die Knochen herausschneiden. Mit dem Plattiereisen zwischen einer Folie leicht ausklopfen, mit Salz und Pfeffer würzen. Die Fülle auf den Keulen verteilen. Die Dörrpflaumen unter die Haut der Brüste schieben und die Brüste mit Salz und Pfeffer würzen. Die Keulen behutsam einrollen und mit einer Bratschnur fixieren. Die Keulen würzen und rundherum mit Olivenöl in einer Pfanne goldbraun anbraten. Zwiebeln und geschälten Knoblauch zusammen mit dem Schmorgemüse, den Kräutern und den Keulenknochen in der Pfanne anrösten. Mit Rotwein, Essig und dem Wildgeflügelfond ablöschen. Den frischen Pfeffer, Lorbeerblatt, Rosmarinzweig und die geschälten Tomaten zugeben. Den Schmoransatz in einen großen Römertopf geben und die eingerollten Keulen darauf legen. Den Deckel schließen und bei 180 °C circa 15 Minuten schmoren. Anschließend herausnehmen, wenden und die Perlhuhnbrüste an der Karkasse dazugeben. Bei 200 °C 8 Minuten Farbe geben. Mit der Schmorsauce mehrmals übergießen und zugedeckt bei 160 °C weitere 8 Minuten schmoren. Aus dem Römertopf nehmen und warm gestellt rasten lassen. Den Fond durch ein Sieb drücken und sämig einkochen lassen. Mit der Butter montieren und eventuell nachschmecken.

Fertigstellung

Die Brust an der Karkasse vor den Gästen tranchieren, die Schmorsauce separat dazu reichen. Die gefüllten Keulen in Scheiben schneiden und zusammen mit dem Pflaumenfondue anrichten. Mit Thymian ausgarnieren.

Rezept für 6 Personen

Perlhuhn im Römertopf

- 1 Perlhuhn (ca. 2 kg)
  Fülle für die Perlhuhnkeulen
  (Grundrezept auf Seite 215)
- 2 Dörrpflaumen, in feine Scheiben
  geschnitten
  Salz und Pfeffer aus der Mühle
  Olivenöl
- 50 g Zwiebel, geschält und fein
  geschnitten
- 2 Knoblauchzehen, geschält und fein
  geschnitten
- 400 g Schmorgemüse (Karotten, Sellerie,
  Lauch), gewaschen und fein
  geschnitten
- 200 ml kräftiger Rotwein
- 30 ml Rotweinessig
- 450 ml Wildgeflügelfond
  (Grundrezept auf Seite 212)
- 15 g frischer, grüner Pfeffer
- 1 frisches Lorbeerblatt
- 1 Rosmarinzweig
- 50 g geschälte Tomaten aus der Dose
  Butter zum Montieren

Pflaumenfondue süß-sauer
Grundrezept auf Seite 218

Beiriedschnitte vom Atterochsen

Sauerampferflan und Belugalinsen

Zubereitung

Beiriedschnitte vom Atterochsen Die Beiried mit dem Pfeffer würzen und rundherum mit Kräutern, Schalotten und Knoblauch anbraten. Das Fleisch auf ein Backblech legen und die Kräuter darübergeben, Schalotten und Knoblauch beiseitestellen. Im Backofen bei 140 °C mit einer Kerntemperatur von 40 °C garen. Den Bratensatz mit dem Rotwein ablösen. Geflügelfond und Kalbsfond aufgießen und auf die Hälfte reduzieren lassen. Beiried aus dem Ofen nehmen und warmgestellt 15 Minuten rasten lassen. Den Bratenrückstand zur Sauce geben. Die mitgebratenen Schalotten und den Knoblauch fein hacken und mit dem gehackten Thymian und dem Rosmarin vermengen, Olivenöl zugeben. Die Sauce auf 150 Milliliter reduzieren und durch ein feines Sieb gießen. Mit der Butter aufmontieren und eventuell nachwürzen. Die Beiried im Olivenöl-Kräuter-Gemisch in einer Pfanne kurz übergießen und in 4 Tranchen schneiden. Mit Maldonsalz würzen.

Fertigstellung

Die Beiriedschnitte zusammen mit den Belugalinsen und dem Paprikagemüse anrichten. Kräuteröl über die Beiried gießen. Die Sauce dazu reichen. Den Flan aus der Form stürzen und sofort servieren. Eventuell mit frittierten Sauerampfern servieren.

Beiriedschnitte

1 Stück	Beiried (ca. 650 g)
	Butterschmalz zum Abbraten
je 2	Thymian- und Rosmarinzweige
5	Schalotten, geschält und halbiert
1	Knoblauchzehe, zerdrückt
60 ml	kräftiger Rotwein
60 ml	Geflügelfond (Grundrezept auf Seite 208)
60 ml	Kalbsfond (Grundrezept auf Seite 209)
	Maldonsalz, schwarzer Pfeffer aus der Mühle
je 1 TL	gehackter Rosmarin und Thymian
2 EL	Olivenöl
	Butter

Sauerampferflan
Grundrezept auf Seite 219

Belugalinsen
Grundrezept auf Seite 214

Paprikagemüse
im Grundrezept auf Seite 214

Gespickte Schulter vom Simmentaler Kalb
Spargel-Cassoulet

Zubereitung

Gespickte Schulter Die Schulter mit dem Trüffel spicken, würzen und in einem Topf mit wenig Butterschmalz rundherum kräftig anbraten. Herausnehmen und das Gemüse im gleichen Topf anbraten. Die geschälten Tomaten und das Tomatenmark zugeben und kurz mitrösten. Mit Rotweinessig, Rotwein und Traubensaft ablöschen. Knoblauch, Kräuter und Gewürze zugeben. Die Schulter auf das Schmorgemüse setzen und mit der Hälfte des Kalbsfonds auffüllen. Im vorgeheizten Backofen bei 160 °C etwa 4 bis 4,5 Stunden langsam weich schmoren. Immer wieder drehen und mit dem Schmorfond übergießen. Im letzten Drittel der Garzeit die Schulter mit Butterpapier abdecken. Schließlich die Schulter aus dem Fond nehmen und in Alufolie einwickeln. Den Schmorfond mit dem restlichen Kalbsfond auffüllen, durch ein feines Sieb drücken und zur gewünschten Konsistenz einkochen. Mit der Butter aufmontieren. Die Schulter in der Schmorsauce erwärmen.

Spargel-Cassoulet 1 Stange weißen Spargel in feine Streifen schneiden. Die restlichen halbieren und die Spitzen in 4 Zentimeter Länge schneiden. Den Rest in Stücke schneiden. Den Rieslingfond erwärmen und das Gemüse darin schwenken. Mit Salz und Pfeffer nachwürzen. Das Spargelpüree erwärmen.

Fertigstellung

Die Kalbsschulter in Scheiben schneiden und mit reichlich Sauce auf die Teller geben. Die Spargelstreifen in einen Ring setzen. Mit Spargelpüree füllen und das restliche Gemüse darüberstreuen. Das Croustillant dazugeben. Eventuell auch fein gehackte, getrocknete Tomaten.

Gespickte Schulter

1	Kalbsschulter (ca. 2 kg), küchenfertig
80 g	Périgord-Trüffel, in Stifte geschnitten
80 g	Zwiebeln, geschält und klein geschnitten
je 80 g	Lauch, Karotten und Sellerie, gewaschen und klein geschnitten
80 g	geschälte Tomaten aus der Dose
1 EL	Tomatenmark
60 ml	Rotweinessig
200 ml	kräftiger Rotwein
100 ml	blauer Traubensaft, frisch gepresst
2	Knoblauchzehen, zerdrückt
10 g	frischer Pfeffer an der Rispe
2	frische Lorbeerblätter
2	Wacholderbeeren
1	Thymianzweig
300 ml	Kalbsfond (Grundrezept auf Seite 209)
	Butterschmalz zum Anbraten
30 g	Butter zum Aufmontieren

Spargel-Cassoulet

10 Stangen	weißer Spargel, geschält und gekocht
12 Stangen	wilder Spargel, gekocht
2 EL	frische Erbsen, blanchiert
4 EL	Spargelpüree (Grundrezept auf Seite 219)
2 EL	Riesling-Spätlese-Gewürzfond (Grundrezept auf Seite 211)
	Salz und Pfeffer aus der Mühle

Croustillant vom Kalbsbries
Grundrezept auf Seite 215

Maibockfilet mit glacierten Pfifferlingen

Gefüllte Zucchiniblüte

Zubereitung

Maibockfilet mit glacierten Pfifferlingen Das Maibockfilet mit dem Rosmarin und Thymian in Butter und Olivenöl rundherum goldbraun anbraten. Auf ein Backblech geben und mit dem Bratensatz der Pfanne übergießen. Im Backofen bei 160 °C circa 3 bis 4 Minuten garen. Herausnehmen und weitere 5 Minuten rasten lassen. Die Pfifferlinge in einer Pfanne mit Butter glacieren. Den Selleriefond eingießen und die Kerbelstreifen zugeben. Reduzieren lassen. Mit Salz und Pfeffer würzen. Das Maibockfilet nochmals mit den Kräutern glacieren.

Gefüllte Zucchiniblüte Den Stempel in der Mitte der Zucchiniblüte entfernen und die Zucchini fächerartig einschneiden.
Für die Fülle die Schalotten und den Speck in einer Pfanne mit Butterschmalz ansautieren. Pfifferlinge zugeben und mit Sherry ablösen. Den Knoblauch sowie den Schnittlauch und den Thymian zugeben. Mit Salz und Pfeffer abschmecken. Die Milch erhitzen und über die Weißbrotwürfel gießen. Zugedeckt 10 Minuten ziehen lassen. Die Gänseleberwürfel in Olivenöl abbraten, auskühlen lassen. Das getränkte Weißbrot und ein Eigelb locker unter die Schalotten-Speck-Masse heben. Zum Schluss vorsichtig die Gänseleber unterheben. Den Selleriefond mit den Gewürzen erhitzen, Dämpfkorb daraufsetzen und die Zucchiniblüten circa 6 bis 8 Minuten aufdämpfen. Mit Salz und Pfeffer würzen, mit brauner Butter beträufeln.

Fertigstellung

Die Zucchiniblüten mit dem Maibockfilet auf einem Teller anrichten. Pfifferlinge und die Wildsauce dazugeben. Mit Rosmarin ausgarnieren. Eventuell mit jungen Erbsen und Erbsenschoten servieren.

Maibockfilet mit glacierten Pfifferlingen

480 g	Maibockfilet, zugeputzt
	Salz und Pfeffer aus der Mühle
	Olivenöl
je 1	Rosmarin- und Thymianzweig
40 g	Pfifferlinge
1 TL	Kerbel, in Streifen geschnitten
	Butter zum Braten
30 ml	Selleriefond
	(Grundrezept auf Seite 212)

Gefüllte Zucchiniblüte

4	Zucchiniblüten
1	Schalotte, geschält und fein gewürfelt
1 EL	Bauchspeck, fein gewürfelt
1 EL	Butterschmalz
100 g	Pfifferlinge
100 ml	Sherry medium
½	Knoblauchzehe
1 EL	Schnittlauch, klein geschnitten
1 Msp.	Thymian, gehackt
140 g	Gänseleber, in Würfel geschnitten und mehliert
40 g	Weißbrot vom Vortag, in Würfel geschnitten
1	Eigelb
70 ml	Milch
250 ml	Selleriefond (Grundrezept auf Seite 212)
je 2	Wacholderbeeren und Lorbeerblätter
3	Pfefferkörner
	etwas braune Butter zum Beträufeln
	Olivenöl

Wildsauce

Grundrezept auf Seite 212

Limousin-Lammrücken im Salzteig gegart
Auberginen-Bohnengemüse

Zubereitung

Limousin-Lammrücken im Salzteig Das Lammrückenfilet mit dem Rosmarin und Thymian in Butter und Olivenöl rundherum goldbraun anbraten. Auf ein Backblech geben und mit dem Bratensatz der Pfanne übergießen. Darin 5 Minuten marinieren lassen. Mit Salz und Pfeffer würzen. Die Paprika nochmals halbieren und in einer Pfanne mit Olivenöl sowie je einem Zweig Rosmarin und Thymian anbraten. Mit Salz und Pfeffer würzen, kalt stellen. Den Salzteig hauchdünn ausrollen. Den Lammrücken mit der Paprika belegen. Je 1 Rosmarin- und Thymianzweig darauf geben und im grünen Speck einschlagen. Nun auch in den Salzteig einpacken und diesen mit dem Eigelb bestreichen. Auf ein Blech mit Backpapier legen und im Backofen bei 190 °C circa 10 Minuten backen (Nadelprobe). Aus dem Backofen nehmen und weitere 5 Minuten im Teig rasten lassen.

Fertigstellung

Auf einem Teller in einer Rechteckform zuerst das angewärmte Bohnenpüree, danach das rote Zwiebelkonfit und eine Nocke vom Auberginenkaviar aufeinandersetzen. Die Form entfernen. Den Lammrücken im Salzteig am Tisch öffnen und Tranchen herunterschneiden, zum Auberginen-Bohnen-Gemüse anrichten. Die Sauce apart servieren. Eventuell verschiedene glacierte Bohnensorten und Rotweinzwiebeln reichen.

Rezept für 2 Personen

Limousin-Lammrücken im Salzteig

- 400 g Lammrückenfilet aus Limousin, küchenfertig
  Salz und Pfeffer aus der Mühle
  Olivenöl
- je 2 Rosmarin- und Thymianzweige
- 300 g Salzteig
  (Grundrezept auf Seite 218)
- je ½ rote und gelbe Paprika, geschält und das Kerngehäuse entfernt
- 1 dünne Scheibe Grüner Speck (rechteckig 30 x 15 cm)
- 1 Eigelb
  Butter zum Braten
  Olivenöl

Auberginenkaviar
Grundrezept auf Seite 213
Rotes Zwiebelkonfit
Grundrezept auf Seite 218
Weißes Bohnenpüree
Grundrezept auf Seite 214
Lammsauce
Grundrezept auf Seite 210

Barbarie-Ente aus der Dombes
Mille-Feuille von Trüffel
und Kartoffel

Zubereitung

Barbarie-Ente Die Fettschicht der Entenbrust einschneiden. Auf der Hautseite in Butterschmalz mit den Kräutern kräftig anbraten, kurz wenden und aus der Pfanne nehmen. Auf einem Backblech bei 160 °C etwa 5 Minuten garen. Herausnehmen und weitere 5 Minuten rasten lassen. Mit Salz und Pfeffer würzen. Die Brust mit etwas Balsamicolack bestreichen und 3 bis 4 Tranchen herunterschneiden.

Weintrauben-Trüffel-Konfit Die Weintrauben in kochendem Wasser blanchieren und abschrecken. Die Haut abziehen, halbieren und die Kerne herausnehmen. Die Schalotten in wenig Olivenöl glasig anrösten. Den Speck zugeben und mit Portwein und Trüffeljus ablöschen. Auf die Hälfte reduzieren lassen und mit Traubensaft auffüllen. Vanillemark, Thymian und Kardamom zugeben und mit der Butter aufmontieren. Die Trauben und den Trüffel zugeben. Mit Salz und Pfeffer abschmecken. Sofort anrichten

Fertigstellung

Die Barbarie-Ente zusammen mit dem Mille-Feuille und dem Weintrauben-Trüffel-Konfit anrichten. Mit Thymian ausgarnieren und die Sauce dazu servieren. Eventuell Kartoffelchips und Entenkonfit dazu reichen.

Barbarie-Ente

4	Barbarie-Entenbrüste à 120 g, küchenfertig
je 2	Rosmarin- und Thymianzweige
	Butterschmalz zum Anbraten
	Salz, weißer Pfeffer aus der Mühle
1 EL	Balsamicolack (siehe Rezept Tarte von der Entenstopfleber auf Seite 54)
125 ml	Wildgeflügelsauce (Grundrezept auf Seite 212)

Weintrauben-Trüffel-Konfit

1	Schalotte, geschält und fein gewürfelt
1 Scheibe	geräucherter Bauchspeck
50 ml	Portwein
20 ml	Trüffeljus (Feinkostladen)
100 ml	frisch gepresster Traubensaft
	Mark einer
½	Vanilleschote
1	Thymianzweig
1 Prise	Kardamom
10 g	Butter
100 g	blaue Trauben
20 g	Périgord-Trüffel, in kleine Würfel geschnitten
	Olivenöl zum Anbraten
	Salz, schwarzer Pfeffer aus der Mühle

Mille-Feuille von Trüffel und Kartoffel

Grundrezept auf Seite 217

Le Noir de Bigorre
in Salbeimilch pochiert
Knusperkümmel

Zubereitung

Le Noir de Bigorre in Salbeimilch Jedes Kotelett einzeln mit der Milch, dem Salbei und den Gewürzen vakuumieren und 6 Stunden marinieren. Anschschließend in der Folie im Wasserbad bei 62 °C circa 13 Minuten garen.

Die Koteletts aus dem Vakuumbeutel nehmen, kurz trocken tupfen, zusammen mit dem Salbei in Butterschmalz anbraten. Mit Salz und Pfeffer würzen. Jeweils vom Kotelett eine Tranche herunterschneiden und mit einem Blatt Knusperkümmel belegen und abflämmen. Mit etwas Maldonsalz bestreuen.

Paprikakraut und Paprikapüree im Speck Den Grünen Speck zwischen zwei Backpapierbögen dünn ausrollen und beschwert im Backofen bei 200 °C goldbraun backen. 6 Dreiecke zurechtschneiden. 3 Blätter Speck mit Paprikapüree füllen und jeweils mit einem Speckblatt abdecken. Den Zucker leicht karamellisieren, das Kraut und das Paprikapulver zugeben. Mit Balsamico, Noilly Prat und Selleriefond ablöschen. Das Kraut im Sud weich schmoren. Speck, Paprikawürfel und Petersilienjulienne zugeben. Mit der Butter sämig einkochen und leicht salzen und pfeffern.

Fertigstellung

Das Kotelett und die Tranche zusammen mit dem Kraut und dem gefüllten Speck anrichten. Den Schweinebratensaft extra dazu reichen. Mit Kerbel ausgarnieren.

Le Noir de Bigorre in Salbeimilch
(6 Stunden marinieren)

4	Schweinekoteletts „Le Noir de Bigorre"
200 ml	Milch
4	Salbeizweige
1	Knoblauchzehe, zerdrückt
	Butterschmalz zum Braten
	Knusperkümmel
	(Grundrezept auf Seite 216)
	Salz und Pfeffer aus der Mühle
	Maldonsalz

Paprikakraut und Paprikapüree im Speck

1 Stück	Grüner Speck (20 x 20 cm), beim Metzger vorbestellen
4 EL	Paprikapüree
	(Grundrezept auf Seite 217)
30 g	Zucker
1 Kopf	junges Frühkraut, ohne Strunk in Rauten geschnitten
1 Prise	Paprikapulver
2 cl	weißer Balsamico
2 cl	Noilly Prat
250 ml	Selleriefond
	(Grundrezept auf Seite 212)
1 EL	Bauchspeck, fein gewürfelt und geröstet
je 1 EL	rote und gelbe Paprika, geschält und in Würfel geschnitten
20 g	Butter
1 TL	Petersilie, in feine Streifen geschnitten
	Salz und Pfeffer aus der Mühle
250 ml	Schweinebratensaft

Etouffé-Taube aus der Dombes
mit Birnen-Topinambur-Feuilleté
Olivenkrokant

Zubereitung

Etouffé-Taube Von den Tauben die Keulen abtrennen, den Mittelknochen herauslösen und die Keulen leicht plattieren.

Die Taubenleber in 4 Stücke schneiden und in Prosciutto einschlagen. Die eingewickelte Leber auf die Keulen setzen und einschlagen. Mit einem Zahnstocher fixieren. Die Tauben und Keulen in Butterschmalz kräftig anbraten, aus der Pfanne nehmen. Das Gemüse scharf anbraten und das Tomatenmark zugeben. Mit Rotwein ablöschen und auf die Hälfte reduzieren lassen. Mit Geflügelfond auffüllen. Die Kräuter dazugeben. Die Tauben sowie die Keulen auf das Gemüse setzen, luftdicht verschließen und bei 160 °C etwa 8 Minuten schmoren. Die Tauben herausnehmen und weitere 10 Minuten warm gestellt rasten lassen. Die Keulen im Sud noch weitere 8 Minuten schmoren, danach auch diese bei 50 °C Kerntemperatur warm stellen. Die Taubenbrüste von der Karkasse lösen und warm stellen. Die Karkassen klein schneiden und in den Schmorfond geben. Etwa 10 Minuten ziehen lassen. Durch ein Sieb passieren und mit Butter aufmontieren.

Fertigstellung

Taubenbrüste mit Fleur de sel bestreuen und mit den Keulen auf 4 Teller verteilen. Feuilleté und Birnenkompott daneben anrichten. Die Taubenschmorsauce über die Keule gießen. Olivenkrokant und eventuell Birnenstifte und Rotweinzwiebeln dazu reichen.

Etouffé-Taube

2	Etouffé-Tauben, küchenfertig (Leber aufbewahren)
4 Scheiben	Prosciutto, hauchdünn geschnitten
50 g	Schalotten, geschält und klein geschnitten
je 50 g	Sellerie und Karotten, klein geschnitten
1 EL	Tomatenmark
100 ml	kräftiger Rotwein
150 ml	Geflügelfond (Grundrezept auf Seite 208)
je 2	Rosmarin- und Thymianzweige
	Butterschmalz zum Anbraten
	Butter zum Montieren
	Fleur de sel

Birnen-Topinambur-Feuilleté
Grundrezept auf Seite 214
Olivenkrokant
Grundrezept auf Seite 217
Birnen-Oliven-Kompott
Grundrezept auf Seite 214

Gefüllte Milchkitzkeule mit frischem Pfeffer geschmort

In Amontillado karamellisierter junger Knoblauch

Milchkitzkeule

1	Milchkitzkeule (700–800 g)
	Salz und Pfeffer aus der Mühle
100 ml	Olivenöl
50 g	Zwiebeln, geschält und fein geschnitten
2	Knoblauchzehen, geschält und fein geschnitten
400 g	Schmorgemüse (Karotten, Sellerie, Lauch), gewaschen und fein geschnitten
50 g	geschälte Tomaten aus der Dose
200 ml	kräftiger Rotwein
30 ml	Rotweinessig
450 ml	kräftiger Geflügelfond (Grundrezept auf Seite 208)
15 g	frischer grüner Pfeffer
1	frisches Lorbeerblatt
1	Rosmarinzweig
	Butter zum Montieren

Fülle

3 EL	Toastbrotwürfel, geröstet
4 EL	Olivenöl
30 g	Bauchspeck, gewürfelt und angeröstet
50 g	Kitzleber, gewürfelt
3 EL	Spinat, fein geschnitten
1 EL	Pinienkerne, geröstet
	Salz und Pfeffer aus der Mühle

In Amontillado karamellisierter junger Knoblauch

2 Knollen	junger Knoblauch, geschält
1 EL	Zwiebel, fein geschnitten
1 Scheibe	Bauchspeck
1 Spritzer	Zitronensaft
je 1	Rosmarin- und Thymianzweig
50 ml	Weißwein
200 ml	Amontillado (halbtrockener Sherry bester Qualität)
	Olivenöl
	Butter zum Montieren

Bärlauchpüree

Grundrezept auf Seite 213

Zubereitung

Milchkitzkeule Die Milchkitzkeule vom Mittelknochen lösen und mit dem Plattiereisen zwischen einer Folie leicht ausklopfen. Mit Salz und Pfeffer würzen. Die Zutaten der Fülle vermengen und im Rohzustand auf der Keule verteilen. Nun die Keule behutsam einrollen und mit einer Bratschnur fixieren. Die Keule würzen und mit Olivenöl in einer Pfanne rundherum goldbraun anbraten. Zwiebel und Knoblauch zusammen mit dem Schmorgemüse, den Kräutern und den Kitzknochen in der Pfanne anrösten. Mit Rotwein, Essig und dem Geflügelfond ablöschen. Den frischen Pfeffer, Lorbeerblatt, Rosmarinzweig und die geschälten Tomaten zugeben. Die Keule auf das Schmorgemüse geben und zugedeckt im Backofen bei 150 °C etwa 4 Stunden weich schmoren. Mehrmals drehen und übergießen. Die Keule aus dem Schmorfond nehmen, von der Bratenschnur befreien und warm halten. Den daraus entstandenen Schmorfond passieren und einkochen lassen. Mit Butter montieren und zur geschmorten Kitzkeule servieren.

In Amontillado karamellisierter junger Knoblauch Den jungen Knoblauch der Länge nach halbieren und mit Salz und Pfeffer einreiben. Die Zwiebeln zusammen mit dem Bauchspeck in Olivenöl anrösten, den Knoblauch zugeben. Mit Weißwein und Amontillado ablöschen. Die Kräuter darüberstreuen und mit Alufolie bedeckt im Backofen bei 150 °C etwa 12 bis 15 Minuten weich schmoren.

Fertigstellung

Die Keule im Ganzen vor den Gästen tranchieren, die Schmorsauce separat dazu reichen. Den karamellisierten Knoblauch aus dem Sud nehmen und zusammen mit dem Bärlauchpüree anrichten. Den Sud kurz aufkochen, montieren und über den Knoblauch gießen. Eventuell sautierten Bärlauch und Ofentomaten dazu reichen.

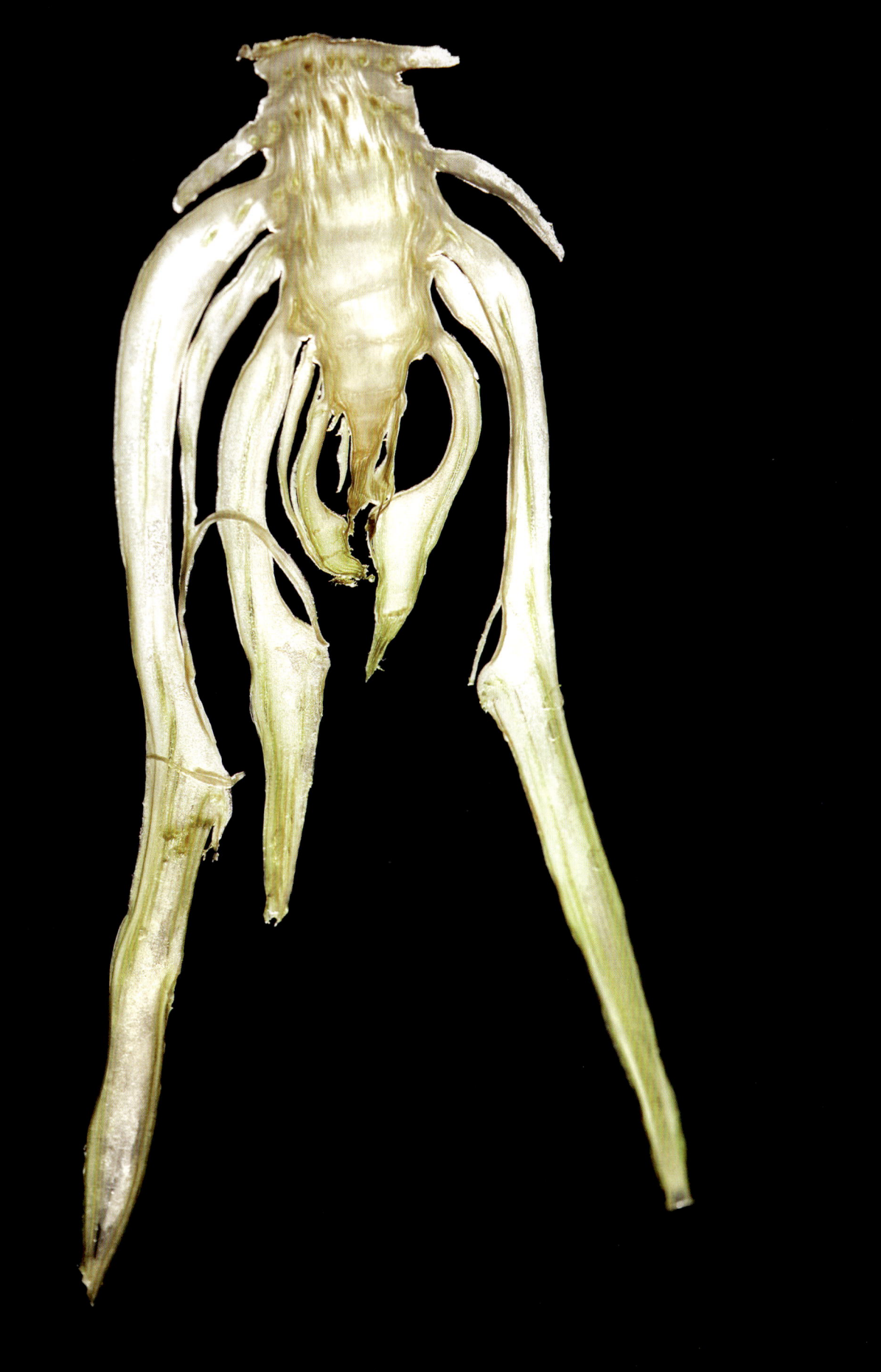

Reife

„Un dessert sans fromage est une belle à qui il manque un œil", stellte der französische Gastrosoph Brillat-Savarin 1825 in seiner Physiologie du goût treffend fest und wurde deshalb 100 Jahre später von Maître fromager Henri Androuët zum Namenspatron eines sahnigen Frischkäses aus dem Burgund geadelt.

Etwa zur gleichen Zeit gründete Maurice-Edmond Saillard, Frankreichs bedeutendster Gastrokritiker des 20. Jahrhunderts und besser unter seinem Pseudonym Curnonsky bekannt, die Académie Gastronomique Française.

Von der natürlichen Autorität der Franzosen in Geschmacksfragen beflügelt, legten die Mitglieder dieser Akademie die exakte Abfolge der Gänge eines klassischen Menüs fest und wiesen dem Käse seinen festen Platz vor dem süßen Finale zu.

So hält man es auch im Rosengarten, wo vor dem Dessert eine breite Auswahl perfekt ausgereifter Käsespezialitäten vom Wagen präsentiert wird. Simon Taxacher verwöhnt seine Gäste aber auch gerne mit delikaten Käsegerichten – z. B. Geschmolzener Bleu de Gex mit in Limonenöl konfitierter Papaya oder In Beerenauslese gelierter Mâconnais mit Traubentarte und Senf-Eis.

Die im Rosengarten servierten Käse stammen vom Tölzer Kasladen – Deutschlands erste Adresse, wenn es um handwerklich produzierte Traditionskäse geht. Inhaber des Tölzer Kasladens sind Fromager-Affineur Wolfgang Hofmann, der das Stammhaus in Bad Tölz leitet, und seine Schwester Susanne, Käsemeisterin der Confrérie des Chevaliers du Taste-Fromage de France, die eine Dépendance auf dem Münchner Viktualienmarkt betreibt. Dazu kommt noch ein Ladengeschäft in Landshut.

Alle hier verkauften Käse stammen von Kloster- und Dorfkäsereien, kleinen Bauernhöfen, Sennereien und Schäfern. Die meisten werden aus Rohmilch hergestellt. Von Industriekäse keine Spur. „Jeden Produzenten kenne ich persönlich, auch die Stallungen und die Herden. Ich weiß, was die Tiere fressen und wie der Käse gemacht wird – nur wenn alles stimmt, nehme ich den Käse in mein Sortiment auf", betont Wolfgang Hofmann.

Jeden Monat werden bis zu vier Tonnen vorgereifte Käse aus zehn europäischen Ländern in Bad Tölz angeliefert, wo sie in einer von vier Reifekammern ihrer optimalen Qualität entgegenschlummern. Das kann – je nach Sorte – zwischen 14 Tagen und sechs Monaten dauern. Die Käse werden dabei auf Stroh- oder Kunststoffmatten gebettet, damit sie von allen Seiten gut belüftet sind.

Während dieser Zeit treten die im Käse enthaltenen Bakterien, Enzyme, Hefen und Schimmel in Aktion und verleihen dem Käse seine ganz eigene Persönlichkeit. „Ähnlich wie bei einem guten Wein schmeckt man bei gutem Käse das Terroir heraus oder die Jahreszeit, in der er gemacht wurde", so Hofmann. Die optimale Reifetemperatur liegt dabei zwischen 8 und 12 °C. Je kühler, desto langsamer geht die Reifung vor sich.

Sind Temperatur und Luftfeuchtigkeit erst einmal optimal justiert, braucht sich Hofmann um Frisch- und Blauschimmelkäse, wie Ricotta oder Fourme d'Ambert, nicht weiter zu kümmern. Anders steht es mit Camembert und Brie, die regelmäßig gewendet werden müssen.
Noch mehr Aufmerksamkeit verlangen Rotschmierkäse, zum Beispiel Munster oder Livarot, deren Rinde regelmäßig mit Salzlake abgewaschen wird, der aromatische Zusätze wie Wein, Bier, Schnaps oder Cidre zugesetzt werden können. Das Abwaschen fördert einerseits das Wachstum der Rotschmier-Bakterien, die für den typischen Farbton der Rinde verantwortlich sind, und verhindert gleichzeitig die Bildung unerwünschter Schimmel.
Gepresste Rohmilchkäse mit festerer Rinde müssen dagegen immer wieder kräftig mit einer speziellen Käsebürste abgebürstet werden. Typische Vertreter dieser Gattung sind Mimolette und Tomme. Am meisten Arbeit machen Hofmann aber seine Ziegenkäse. Valençay, Crottin und Co. durchlaufen während der Reifeperiode insgesamt drei verschiedene Reiferäume. Teilweise werden sie dabei mit Asche bestäubt, die aus Rebholz gewonnen wird und dabei hilft, Milchsäure abzubauen, was dem Käse einen dezenteren Geschmack verleiht.

„Das Affinieren soll dabei aber den eigenständigen Charakter des Käses nie verfälschen, sondern seine typischen Eigenschaften unterstreichen", erklärt Hofmann. Aus diesem Grund werden in Bad Tölz auch besonders viele Rohmilchkäse mit AOC- oder DOC-Status veredelt, also mit einer geschützten Herkunftsbezeichnung und klar geregelten Produktionsstandards. Diese nationalen Zertifizierungen gibt es unter anderem für französischen, spanischen und italienischen Käse. Industriell hergestellten Käsen aus pasteurisierter Milch fehlt es im Vergleich dazu sowohl optisch als auch geschmacklich an Rückgrat, denn durch das Erhitzen werden die natürlichen Bakterienstämme in der Milch abgetötet, die sonst für den vollen, aromatischen Geschmack sorgen und Voraussetzung für einen optimalen Reifeprozess sind. Das versucht man in Großmolkereien mit Hilfe von Reifebeschleunigern und gentechnisch veränderten Enzymen zu kompensieren – heraus kommt dabei aber oft nicht mehr als eine vollfette Gummimasse. Die Mühen des Affineurs werden dagegen mit einer ungeheuren Vielfalt an Aromen, Konsistenzen und Farben belohnt.

So locken Traditionskäse mit Geschmacksnuancen, die von süß und mild, cremig zart, sahnig, fruchtig, säuerlich-prickelnd, erdig, rauchig bis hin zu kräuterwürzigen und pikant-scharfen Anklängen oder deutlichen Pilz- und Bittertönen reichen; erinnern an Hasel- und Walnüsse, Trüffel, Karamell, Lavendel, Feigen, Nadelholz, Knoblauch oder Liebstöckel. Manche sind zartschmelzend wie Eiskonfekt, andere kann man nur mit Klaviersaiten zerteilen; sie präsentieren sich dem Auge als cremefarbene Vollmonde, durchfurcht mit grün-grauen Kratern, als schneeweiße Wolken aus Milch und Sahne, als blassgelbe, scharfkantige Marmorbrüche oder gleichen mit ihrer rot, mimosengelb und violettgrau gesprenkelten Naturschimmelrinde impressionistischen Blumenwiesen – aber köstlich sind sie alle!

Hat der Käse durch viel Zuwendung, Liebe und Zeit dann sein optimales Reifeniveau erreicht, versendet Wolfgang Hofmann seine Spezialitäten per Express an zahlreiche Spitzenrestaurants in ganz Deutschland und Österreich. ▌

Käsegerichte

Geschmolzener Bleu de Gex
In Limonenöl konfierte Papaya

Zubereitung

In Limonenöl konfierte Papaya Den Zucker karamellisieren und mit Portwein ablöschen. Etwas überkühlen lassen und mit Limonenöl auffüllen.
Die Papaya entkernen und 4 dünne Scheiben abschneiden. Den Rest würfeln. Das Limonenöl über die Papayawürfel gießen und 4 Stunden marinieren lassen. Mit Salz und Cayennepfeffer würzen. Das Kompott bis zur Weiterverwendung kalt stellen. Die Scheiben werden für den Käse benötigt.

Geschmolzener Bleu de Gex Die Bleu de Gex-Rechtecke diagonal halbieren und jeweils eine Hälfte beiseitegeben (nicht kalt stellen). Die andere Hälfte mit Limonenöl marinieren und in Ingwer und Thymian wenden. Jeweils in eine Papayascheibe einschlagen, mit braunem Zucker bestreuen und unter dem Salamander gratinieren. Den Blätterteig dünn ausrollen und zwischen zwei Backpapierbögen beschwert goldgelb backen. Auf den gratinierten Käse zuschneiden und mit braunem Zucker bestreuen. Mit dem Bunsenbrenner karamellisieren.

Fertigstellung

Den gratinierten Bleu de Gex auf den Blätterteig setzen und zum zimmerwarmen Käse anlehnen. Mit dem Papayakompott ausgarnieren. Etwas knackigen Salat dazu reichen. Mit Limonenöl und Thymian verfeinern.

Geschmolzener Bleu de Gex

4 Stücke	Bleu de Gex à 40 g, in Rechtecke geschnitten
1 EL	Limonenöl (Grundrezept auf Seite 207)
1 g	konfierter Ingwer, fein gewürfelt
1 Msp.	Thymian, gehackt
4 Scheiben	Papaya, konfiert (Rezept unten) brauner Zucker zum Bestreuen
100 g	Blätterteig (Grundrezept auf Seite 223)

In Limonenöl konfierte Papaya

30 g	Zucker
4 cl	weißer Portwein
60 ml	Limonenöl (Grundrezept auf Seite 207)
1	Papaya, geschält und halbiert
1	Thymianzweig Salz und Cayennepfeffer

Mit Beerenauslese
gelierter Maconais
Traubentarte und Senf-Eis

Zubereitung

Gelierter Maconais Den Traubensaft zusammen mit der Beerenauslese aufkochen, das Bohnen-kraut zugeben und ein Drittel der Flüssigkeit reduzieren lassen. Agar-Agar zugeben und einmal kurz aufkochen lassen. Durch ein Sieb passieren und auf ein mit Frischhaltefolie ausgekleidetes Backblech gießen. Kalt werden lassen und, auf den Käse angepasst, rund ausstechen. Gelee auf den Käse geben und im Backofen bei 70 °C leicht erwärmen.

Traubentarte Den Topfen mit dem Frischkäse cremig rühren und alle Zutaten bis auf das Eiweiß unterrühren. Das Eiweiß halb steif aufschlagen und vorsichtig unter die Eigelbmasse ziehen. Den Blätterteig dünn ausrollen und im Backofen bei 180 °C beschwert goldgelb backen. Herausneh-men und noch warm Kreise mit einem Durchmesser von 5 Zentimetern ausstechen. Die Kreise mit der Topfenfülle bestreichen und das Traubenkompott darauf verteilen. Im Backofen bei 180 °C circa 8 Minuten backen.

Fertigstellung

Die Tarte auf den Teller platzieren und den gelierten Käse daraufsetzen. Das Senf-Eis zugeben und mit etwas reduziertem Traubensaft anrichten. Eventuell mit Bohnenkraut ausgarnieren.

Gelierter Maconais

4 Stücke	Maconais
125 ml	weißer Traubensaft, frisch gepresst
125 ml	Beerenauslese
½ TL	Agar-Agar
1	Bohnenkrautzweig

Traubentarte

50 g	Topfen
50 g	Frischkäse
1	Eigelb
40 g	Zucker
1 TL	Akazienhonig
½ TL	Bohnenkrautblätter, gehackt
1	Eiweiß
8 EL	Traubenkompott (Rezept Marinierte Gänsestopfleber auf Seite 46)
100 g	Blätterteig (Grundrezept auf Seite 223)

Senf-Eis

Grundrezept auf Seite 227

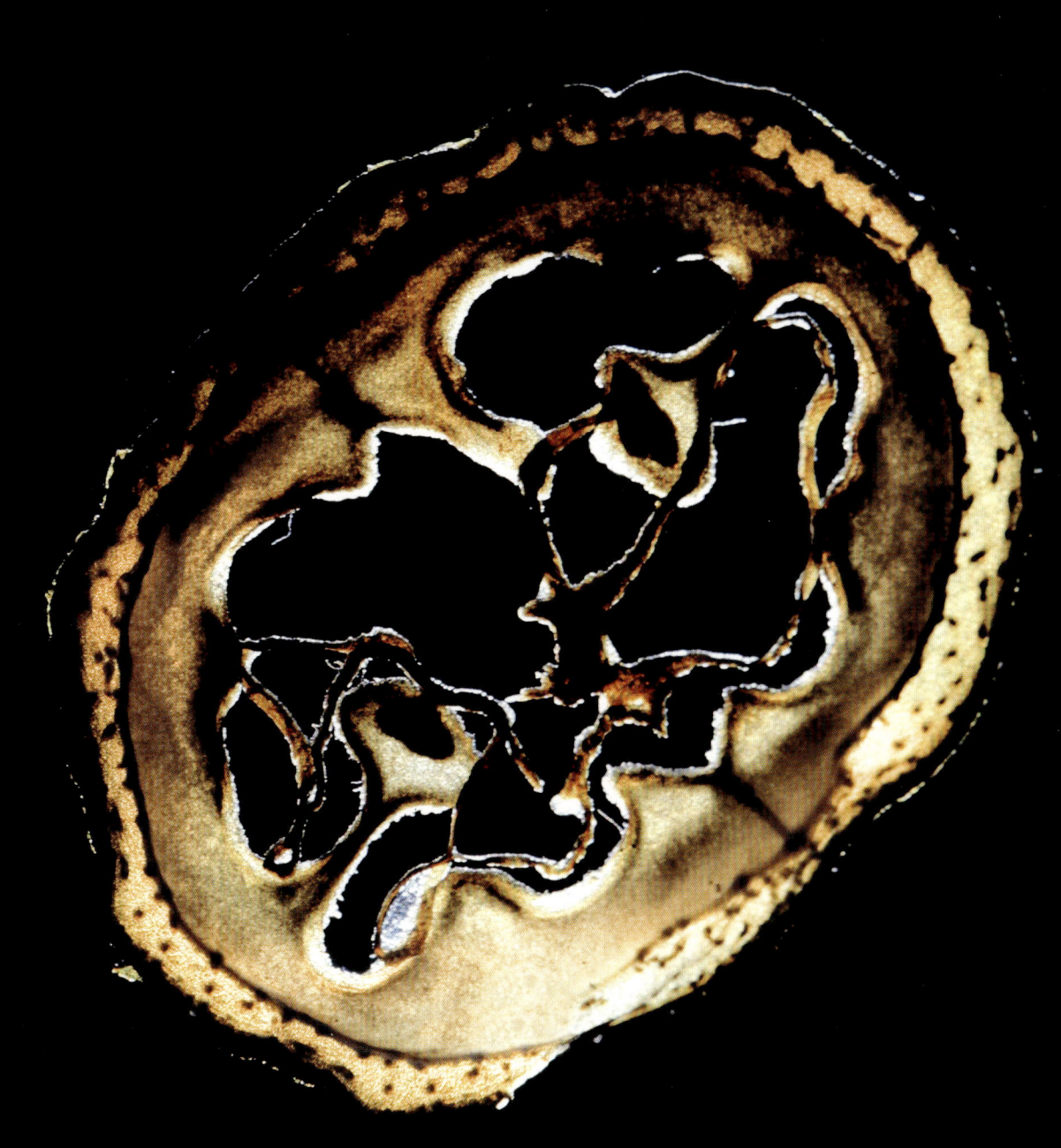

Vielfalt

Der Viktualienmarkt mit seinen rund 150 Ständen auf dem Areal des ehemaligen Heilig Geist Spitals ist seit jeher ein Mekka für alle, die echt bayerische Herzlichkeit, Qualität und Frische zu schätzen wissen – ein eigenwilliger Kosmos angewandter Lebenslust auf rund 22.000 Quadratmetern.

Kaum irgendwo sonst herrscht ein solch babylonisches Sprachengewirr oder kann man zwischen kritischen Hausfrauen, exaltierten Gourmets und neugierigen Touristen Sterneköche auf der Pirsch nach kulinarischen Preziosen wie Hopfenspargel oder Zimtblüten beobachten wie hier.

Wenn der „Bauch von München" frühmorgens langsam zum Leben erwacht und die ersten Kunden zwischen den üppigen Auslagen, auf denen Kohlrabi, Meerrettich und Rote Bete wie Juwelen drapiert sind, zu stöbern beginnen, haben viele der Händler oft schon mehrere Stunden Arbeit hinter sich.

Das gilt auch für die beiden Brüderpaare Sutor und Müller, Inhaber eines der ältesten Stände auf dem Viktualienmarkt – der Fruitique. Die wurde, freilich noch unter anderem Namen, bereits 1860 – also nur rund 50 Jahre nach den Anfängen des Kräutlmarkts anno 1807 – gegründet und seither unverändert als Familienbetrieb geführt.

Vor vielen Jahren ist der Stand vom Freimarkt im Schlagschatten des Alten Peter ins Herz des Viktualienmarktes umgezogen. Spezialisiert hat man sich hier auf Obst, Gemüse und Südfrüchte. Heutzutage umfasst das Angebot mehr als 500 Sorten. Längst gibt es auch eine Dependance in der Großmarkthalle in der Thalkirchner Straße.

Der Rosengarten bezieht von der Fruitique, neben mediterranen Gemüsespezialitäten, vor allem Südfrüchte und Exoten wie beispielsweise thailändische Flugmangos. Sie dienen als Grundlage für kreative Desserts wie Gelierte Mandarinen mit Lavendel-Oliven-Sud oder Ananassavarin mit Mokka, Chiliextrakten und karamellisierter Ganache. Frisches Obst und Gemüse der Saison bezieht Simon Taxacher dagegen direkt aus Tirol.

Schon der legendäre Alfred Walterspiel war in den 50er-Jahren Kunde bei den Sutors. Seniorchef Karl Sutor entwickelte dann später regelmäßig zusammen mit Walterspiels Neffen Karl Theodor, in den 70er-Jahren Alfreds Nachfolger als Direktor des berühmten Münchner Vier Jahreszeiten, die Speisekarten für den Gourmettempel des Hotels. Ab 1971 wurde die Fruitique zudem Hof-

lieferant des gerade unter Regie von Eckart Witzigmann eröffneten Tantris. Und auch heute noch stehen zahlreiche der ersten Adressen der Top-Hotellerie und Spitzengastronomie in Bayern und Tirol auf der Kundenliste der Fruitique.

Nun sind Spitzenköche nicht eben leicht zufriedenzustellende Kunden. „Allerdings hat die ständige Auseinandersetzung mit besonders hohen Ansprüchen den positiven Nebeneffekt, dass sich das Angebot und die Qualitätsstandards der Fruitique seit Jahrzehnten immer weiterentwickelt haben", meint Fruitique-Geschäftsführer Thomas Müller.

Ein Großteil der angebotenen Waren stammt aus Direktimporten. Ein mühsamer und aufwendiger Weg; alleine der weltgrößte Umschlagplatz für Obst und Gemüse auf dem Großmarkt von Rungis bei Paris wird wenigstens zweimal wöchentlich angefahren.

Die Sutors haben außerdem ein dichtes Netzwerk von Spitzenerzeugern in ganz Europa geknüpft, zu denen sie teilweise bereits seit Jahrzehnten Geschäftsverbindungen unterhalten. Zu dieser intensiven Kontaktpflege gehören auch persönliche, meist unangemeldete Besuche, um sich vor Ort ein Bild der realen Produktionsbedingungen machen zu können. Bei diesen Gelegenheiten werden auch aktuelle Entwicklungen und Markttrends diskutiert. „Nur so ist es möglich, immer auf dem neuesten Stand zu bleiben und optimale Qualität garantieren zu können", ist Müller überzeugt.

„Manche halten den Münchner Viktualienmarkt leider immer noch für eine reine Touristenattraktion, wo man der ahnungslosen Kundschaft überteuerte Durchschnittsware verkauft, doch das Gegenteil ist der Fall und wir arbeiten jeden Tag daran noch besser zu werden", betont Müller deshalb auch nachdrücklich.

Der Viktualienmarkt ist für Simon Taxacher aber auch eine wahre Fundgrube für kulinarische Kuriositäten und damit ein schier unerschöpfliches Reservoir an Inspiration. Als Taxacher zum Beispiel bei einem Urlaub auf Bali ein Kraut mit intensivem Austernaroma entdeckte, wollte er daraus unbedingt ein neues Gericht machen. Doch auch stundenlange Recherchen im Internet und zahllose Telefonate mit Lieferanten und Kräuterexperten brachten keine Lösung. Als Taxacher jedoch eines Morgens über den Viktualienmarkt schlenderte, entdeckte er genau dieses Austernkraut zufällig in der Auslage eines Spezialisten für asiatische Lebensmittel.

Gelierter Mandarinen-Lavendel-Sud mit Oliven

Schokoladenravioli

Zubereitung

Gelierter Mandarinen-Lavendel-Sud Den Zucker mit dem Blütenhonig in einem Topf karamellisieren lassen. Mit Rum und Mandarinensaft ablöschen. Lavendelzweig und Gewürze zugeben und einmal aufkochen lassen. Die Mandarinenfilets zugeben und im Sud auskühlen lassen. 200 Milliliter Sud abnehmen (Gewürze und Kräuter bleiben bei den Mandarinenfilets) und leicht erwärmen. Agar-Agar darin einrühren und vollständig auflösen. Ein Backblech mit Frischhaltefolie auskleiden und den Sud hauchdünn eingießen. Kalt werden lassen und in beliebig große Kreise ausstechen.

Schokoladenravioli Den Nudelteig auf einer bemehlten Arbeitsfläche dünn ausrollen und Kreise von 6 Zentimetern Durchmesser ausstechen. Das Ei leicht aufschlagen. Alle übrigen Zutaten vermengen und die Masse als Fülle in die Mitte der Nudelteigkreise geben. Die Ränder mit dem Ei bestreichen und die Teigränder zu Halbmonden zusammenschlagen. Den Mandarinensaft erwärmen und die Schokolade darin auflösen. Die Tascherl in reichlich Wasser circa 3 Minuten kochen. Im Mandarinen-Schokoladen-Fond wenden.

Fertigstellung

Die Geleekreise auf Teller legen. Eingelegte Mandarinenfilets zusammen mit lauwarmen Ravioli, Sorbet und schwarzen Oliven dazu anrichten. Die gehackten Oliven mit dem Olivenöl vermengen und den Gelee damit verfeinern. Mit Schokoladendekor ausgarnieren.

Gelierter Mandarinen-Lavendel-Sud

100 g	Zucker
30 g	Blütenhonig
4 cl	weißer Rum
400 ml	Saft von frischen Mandarinen
1	Lavendelzweig
1	Sternanis
1	Nelke
½ TL	Agar-Agar
	Filets von einer Mandarine
8	schwarze Oliven
1 TL	gehackte schwarze Oliven
1 TL	Olivenöl

Schokoladenravioli

200 g	Schokoladennudelteig (Grundrezept auf Seite 224)
1 EL	Sauerrahm
20 g	Zartbitterschokolade, fein gehackt abgeriebene Schale von ½ gewaschener Mandarine
10 g	Zucker
5 g	Briochebrösel, geröstet
200 ml	Mandarinensaft
80 g	Zartbitterschokolade
1	Ei zum Bestreichen

Mandarinensorbet

Grundrezept auf Seite 226

Sorbet vom gelben Kiwi
mit Schokoladen-Gewürz-Krapfen

Zubereitung

Schokoladen-Gewürz-Krapfen Sahne und Milch aufkochen und vom Herd nehmen. Likör und Schokolade einrühren. Kalt stellen. Aus der abgekühlten Masse kleine Kugeln ausstechen und formen. Die Kugeln durch das Eiweiß ziehen und in den gehackten Haselnüssen wälzen. Auf beschichtetes Backpapier legen und einfrieren.

Schokoladen-Backmasse Die Butter zergehen lassen, alle Zutaten einarbeiten und kalt stellen.

Kompott und glacierte Kiwi Von der grünen Kiwi 4 dünne Scheiben und aus dem Rest feine Würfel schneiden. Den Zucker karamellisieren und mit dem Kiwilikör ablöschen. Die Kiwischeiben darin wenden. Die Kiwiwürfel ebenso mit dieser Flüssigkeit marinieren.

Fertigstellung

Die Schokoladenkugeln noch gefroren mit Hilfe eines Löffels mit der Backmasse gleichmäßig bestreichen und in 190 °C heißem Fett 2 bis 3 Minuten ausbacken. Dann im Backofen bei 190 °C circa weitere 2 Minuten backen. Mit Staubzucker leicht bestreuen. Das Kiwisorbet und den Krapfen auf einem Teller anrichten. Mit Kiwischeiben und -kompott ausgarnieren.

Schokoladen-Gewürz-Krapfen

50 ml	Sahne
30 ml	Milch
10 ml	Kiwilikör
160 g	Zartbitterschokolade, Valhrona Caraibe 66 %
2 EL	Haselnüsse, fein gehackt
	Eiweiß, leicht geschlagen
	Staubzucker zum Bestreuen

Schokoladen-Backmasse

20 g	Butter
100 ml	Champagner
1 Msp.	Ingwer, fein gehackt
1 Prise	gemahlene Nelken
1	Ei
20 g	Zucker
1 Prise	Salz
130 g	Mehl
20 g	dunkles Kakaopulver

Kompott und glacierte Kiwi

1	grüne Kiwi
30 g	Zucker
4 cl	grüner Kiwilikör

Sorbet vom gelben Kiwi
Grundrezept auf Seite 227

Tonkabohnencreme
mit Chili und Birne

Zubereitung

Karamellisierte Birne, Birnengelee mit Chili Die Birne in Spalten schneiden. Den Zucker in einem Topf hell karamellisieren, die Birnenspalten zugeben und mit Birnensaft und Birnenbrand ablöschen. Die Vanilleschote hinzufügen. Die Birnenspalten in diesem Sud bissfest pochieren und darin auskühlen lassen. 200 Milliliter vom Birnensud abnehmen und die Gelatine gut darin einrühren. Zuletzt die eingeweichten, fein geschnittenen Chilifäden unterrühren und den Sud zum Gelee auskühlen lassen

Tonkabohnencreme Die Milch zusammen mit 100 Milliliter Sahne aufkochen. Vanillemark und Tonkabohnen darin 1 Stunde ziehen lassen. Den Zucker karamellisieren und mit Crème de Cacao und der Milch-Sahne-Mischung auffüllen. Die Gelatine unterrühren und kalt werden lassen. Die übrigen 50 Milliliter Sahne halb steif aufschlagen und unter die Tonkabohnencreme heben.

Fertigstellung

Eine Terrinenform mit Frischhaltefolie auskleiden. Das Gelee eingießen und fest werden lassen. Die Tonkabohnencreme darübergießen und wieder fest werden lassen. Diesen Vorgang nach Belieben noch ein- bis zweimal wiederholen. Mit einem Stück eingelegter Birne und dem Tonkabohneneis servieren. Birnenchips dazu reichen.

Karamellisierte Birne, Birnengelee mit Chili

1	Williams-Christ-Birne
100 g	Zucker
300 ml	frisch gepresster Birnensaft
2 cl	Birnenbrand
½	Vanilleschote
1 ½ Blatt	Gelatine, eingeweicht und ausgedrückt
1 g	Chilifäden, eingeweicht

Tonkabohnencreme

100 ml	Milch
150 ml	Sahne
	Mark von ½ Vanilleschote
1 TL	Tonkabohnen
80 g	Zucker
6 cl	weiße Crème de Cacao
2 ½ Blatt	Gelatine, eingeweicht und ausgedrückt

Tonkabohneneis
Grundrezept auf Seite 227

Ananassavarin mit Mokka und Chiliextrakten

Karamellisierte Ganache

Zubereitung

Ananassavarin Die Milch leicht erwärmen und die Frischhefe darin auflösen. Die Hefemilch mit dem Mehl vermengen. Rum Eier und Salz dazugeben und zu einem glatten Teig verarbeiten. Mit einem Tuch abdecken, an einem warmen Platz 30 Minuten stehen lassen. Die temperierte Butter mit dem Zucker vermengen und wieder in den Teig einarbeiten. Den Teig in einen Spritzbeutel füllen und in ausgebutterte Savarinformen einfüllen. Noch einmal 30 Minuten zugedeckt ruhen lassen. Im vorgeheizten Backofen bei 200 °C circa 10 Minuten goldbraun backen. Die Savarins aus den Formen stürzen und in der Ananastränke marinieren.

Karamellisierte Ganache Fondant und Glukosesirup bei mittlerer Hitze goldbraun kochen. Auf ein Butterpapier gießen und abkühlen lassen. Grob zerbrechen und zusammen mit dem Schwarzbrot, Salz und Chili in der Moulinette sehr fein mixen. Eine Backmatte mit Trennspray einsprühen und das Pulver hauchdünn aufsieben. Bei 180 °C 2 bis 3 Minuten knusprig backen. Kalt werden lassen und Stücke herausbrechen.
Sahne, Butter und Estragonessig aufkochen, die temperierte Schokolade und die Ananaswürfel hineingeben. Die Masse glatt rühren und auf ein mit Klarsichtfolie ausgekleidetes Blech 1,5 Zentimeter hoch eingießen. Auskühlen lassen und herausstürzen. In Würfel von 1,5 x 1,5 Zentimetern schneiden. Den Karamell auf die Ganache setzen und mit einem Bunsenbrenner leicht abflämmen.
Aus der Babyananas gleich große Würfel und Scheiben herausschneiden. Die Würfel mit braunem Rohrzucker bestreuen und mit einem Bunsenbrenner abflämmen. Die Scheiben mit Rum und etwas Staubzucker marinieren.

Fertigstellung

Den Savarin auf den Teller setzen. Den Ananaswürfel auf die karamellisierte Ganache und die Ananasscheibe mit dem Mokkaeis daraufgeben. Eventuell ein Ananasgranité im Schokoladenstanizel dazu reichen.

Ananassavarin

35 ml	Milch
7 g	Frischhefe
2 cl	Rum
2	Eier
1 Prise	Salz
65 g	Butter
45 g	Zucker

Karamellisierte Ganache

120 g	Fondant
70 g	Glukose
75 g	getrocknetes Schwarzbrot
1 Prise	Salz
1 Prise	Chili
60 ml	Sahne
12 g	Butter
1 TL	Ananas, fein gewürfelt
½ TL	Estragonessig
260 g	Zartbitterschokolade
1	Babyananas, geschält, halbiert und den Strunk entfernt
2 cl	weißer Rum
	ein Hauch Chili
	brauner Rohrzucker zum Bestreuen

Mokkaeis
Grundrezept auf Seite 227
Ananas-Estragon-Granité
Grundrezept auf Seite 225
Ananastränke
Grundrezept auf Seite 222

Granny-Smith-Sorbet
Tamarillo-Muskat-Sorbet
Banyuls-Kirsch-Sorbet
Mango-Sorbet

Zubereitung

Granny-Smith-Sorbet Die vollreifen Äpfel schälen und in kleine Stücke schneiden. Diese mit allen Zutaten bis auf den Champagner aufkochen lassen. Den Sternanis entfernen. Nun den Apfelsud fein pürieren und auskühlen lassen. Die Schalen grob zerkleinern und in einer Moulinette zusammen mit dem Champagner sehr fein mixen. Den grünen Saft unter das Apfelpüree mengen und in einer Eismaschine cremig frieren.

Tamarillo-Muskat-Sorbet Das Fruchtleisch in feine Stücke schneiden und mit allen Zutaten bis auf den Rum und Muskat aufkochen. Den Sud fein pürieren und auskühlen lassen. Rum und Muskat unterrühren und in einer Eismaschine cremig frieren.

Banyuls-Kirsch-Sorbet Den Zucker in einem Topf hell karamellisieren. Die Kirschen, den Ingwer und die Vanilleschote zugeben. Mit dem Banyuls und dem Kirschwasser ablöschen. Leicht köcheln lassen, bis sich der Karamell vollständig aufgelöst hat. Die Vanilleschote entfernen und den Sud mit den Kirschen fein mixen. In einer Eismaschine cremig frieren.

Mango-Sorbet Das Mangofruchtfleisch klein schneiden und mit dem Limettensaft marinieren. Zucker in einem Topf goldgelb karamellisieren und die marinierten Mangostücke zugeben. Mit Kokosnusslikör ablöschen. Leicht köcheln lassen, bis sich der Karamell vollständig aufgelöst hat. Den Sud fein pürieren und auskühlen lassen. Den Bacardi unterrühren und die Masse in einer Eismaschine cremig frieren.

Granny-Smith-Sorbet
3	vollreife Äpfel (Granny Smith)
100 ml	Cidre
25 g	Zucker
1 TL	Zitronensaft
1	Sternanis
100 ml	Champagner

Tamarillo-Muskat-Sorbet
350 g	eingelegtes Tamarillofruchtfleisch
3 EL	Tamarillofruchtmark
100 ml	Sirup (von den eingelegten Tamarillos)
50 ml	brauner Rum bester Qualität
1 Prise	Muskat, frisch gerieben

Banyuls-Kirsch-Sorbet
50 g	Zucker
400 g	Herzkirschen, entsteint
1 g	Ingwer, frisch gerieben
½	Vanilleschote
100 ml	Banyuls
4 cl	Kirschwasser

Mango-Sorbet
400 g	Mangofruchtfleisch (von vollreifen Flugmangos)
1 EL	Limettensaft
100 g	Zucker
100 ml	Kokosnusslikör
2 cl	Bacardi

In Verveine geschmorte Marille mit gebackenem Beignet
Rosenblütenöl

Zubereitung

Geschmorte Marille Von den Marillen 4 beiseitelegen. Die übrigen Marillen halbieren und entkernen. Den Zucker in einem Topf leicht karamellisieren. Marillenhälften zugeben und mit Likör und Saft ablöschen. Die Gewürze und Kräuter zugeben und mit einer Alufolie luftdicht verschließen. Im Backofen bei 140 °C circa 8 Minuten garen. Die Marillen aus den Schmorsaft nehmen, diesen auf die Hälfte einkochen lassen und kalt stellen. Von den ganzen Marillen die Kerne mit einem Kochlöffel herausdrücken. Die Ganache zu Kugeln formen und die Marillen damit füllen. Im Beignetteig wenden und herausbacken. Aus den restlichen Marillen Kompott und Carpaccio schneiden und mit dem Schmorfond marinieren.

Fertigstellung

Das Carpaccio und das Kompott dekorativ auf den Teller legen. Beignet und Sorbet dazugeben und mit dem Rosenblütenöl beträufeln. Eventuell mit Schokoladendekor und getrockneten Rosenblüten ausgarnieren.

Geschmorte Marille

500 g	reife Wachauer Marillen
80 g	Zucker
6 cl	Marillenlikör
100 ml	Marillensaft, frisch gepresst
1	Sternanis
2	Nelken
4	Verveinezweige
	Mark einer
½	Vanilleschote
2 EL	Ganache (Grundrezept auf Seite 223) Beignetteig (Grundrezept auf Seite 222)

Marillensorbet
Grundrezept auf Seite 226
Rosenblütenöl
Grundrezept auf Seite 224

Zitronen-Thymian-Tarte mit Himbeergranité Trüffelkrokant

Zubereitung

Zitronen-Thymian-Tarte Den Topfen mit dem Eigelb, Vanilleschote, Sauerrahm, Zitronenabrieb und Zitronenthymianblättern verrühren. Das Eiweiß mit dem Kristallzucker halb steif aufschlagen und vorsichtig unter die Eimasse heben. Die Himbeercoulis in 4 Tarteböden verteilen und mit den halbierten, in Himbeergeist marinierten Himbeeren belegen. Mit der Zitronenthymianmasse füllen. Auf ein mit Backpapier ausgelegtes Backblech setzen. Bei 200 °C im vorgeheizten Backofen 9 bis 10 Minuten backen.

Himbeerparfait Für das Himbeerparfait Ei und Eigelb über Dampf schaumig rühren. Himbeergeist und braunen Rum erwärmen und die eingeweichte Gelatine darin auflösen. Flüssige weiße Schokolade einrühren. Den Alkohol mit der Gelatine einrühren, die Masse überkühlen lassen, dann die Himbeercoulis unterheben. Zuerst ein Drittel der Sahne unterrühren, danach die anderen zwei Drittel locker unterheben. Zylinderformen mit Tortenrandfolie auskleiden, das Himbeerparfait einfüllen und tiefkühlen. Bei Gebrauch etwas antauen lassen. Man kann die Tortenrandfolie auch mit Schokolade überziehen und dann mit der Parfaitmasse füllen.

Fertigstellung

Auf die Teller Himbeercoulis verteilen und die Tarte daraufsetzen. Mit Himbeeren garnieren. Das Granité auf das Parfait setzen und das Beerenauslese-Eis dazu servieren. Mit dem Trüffelkrokant ausgarnieren. Eventuell mit Schokoladendekor und getrocknetem Zitronenthymian servieren.

Zitronen-Thymian-Tarte

100 g	Topfen, gut ausgedrückt
2	Eigelb
	Mark einer
½	Vanilleschote
50 g	Sauerrahm
	Abrieb einer ½ Zitrone
1 TL	Zitronenthymianblätter, fein gehackt
2	Eiweiß
60 g	Kristallzucker
20	große Himbeeren
4 EL	Himbeercoulis
	(Grundrezept auf Seite 223)
1 cl	Himbeergeist
4	Schokoladen-Mürbteigböden
	(Grundrezept auf Seite 224)

Himbeerparfait

1	Ei
1	Eigelb
1 Blatt	Gelatine
1 cl	Himbeergeist
1 cl	brauner Rum
50 g	Himbeercoulis
	(Grundrezept auf Seite 223)
60 g	weiße Schokolade
100 ml	Sahne, geschlagen

Beerenauslese-Eis
Grundrezept auf Seite 225

Himbeergranité
Grundrezept auf Seite 226

Trüffelkrokant
Grundrezept auf Seite 225

Charlotte von Mandel und Marzipan

Rhabarber-Honig-Sorbet

Zubereitung

Charlotte von Mandel und Marzipan Milch, Mandelmilch und Eigelb über Dampf cremig aufschlagen. Anschließend Vanillemark und die Gelatine zugeben und bei hoher Geschwindigkeit kalt schlagen, am besten in der Küchenmaschine. Die Mandeln anrösten und noch heiß in die Sahne geben. Kalt werden lassen und durch ein Sieb gießen. Bittermandelaroma zugeben und halb steif aufschlagen. Unter die erkaltete Sabayon heben. Den Amaretto erhitzen, Marzipanrohmasse darin auflösen und abkühlen lassen. Unter die obige Masse ziehen. Im beiseitegestellten, lauwarmen Rhabarberfond die Gelatine auflösen. In Dariolformen abwechselnd die Mousse und das Gelee füllen. Den Rand der Törtchen mit gerösteten Mandelsplittern bestreuen.

Marinierter Rhabarber Für den marinierten Rhabarber den Läuterzucker mit dem Vanillemark und dem Zitronensaft aufkochen. Rhabarber auf einer Aufschnittmaschine hauchdünn schneiden, in den Läuterzucker einlegen und bissfest ziehen, dann erkalten lassen.

Rhabarberkompott Für das Kompott den Rhabarber fein würfeln. Zucker leicht karamellisieren, den Rhabarber zugeben und mit Whisky-Honig-Likör und Weißwein ablöschen. Die restlichen Zutaten zugeben und die Rhabarberstücke bissfest garen. Durch ein Sieb gießen. 100 Milliliter vom Rhabarberfond für die Charlotte reservieren. Den restlichen Fond erkalten lassen und die Rhabarberstücke darin einlegen.

Fertigstellung

Die Charlotte auf die Teller setzen und die Rhabarberscheiben darauf verteilen. Das Kompott aufsetzen und die Knödel und das Sorbet dazu servieren. Eventuell mit frischen Mandeln und Minze ausgarnieren.

Charlotte von Mandel und Marzipan

40 ml	Vollmilch
40 ml	Mandelmilch, gesüßt
1	Eigelb
	Mark einer ½ Vanilleschote
1 ½ Blatt	Gelatine, eingeweicht
30 g	Mandeln
120 g	flüssige Sahne
3 Tropfen	Bittermandelaroma
2 cl	Amaretto
50 g	Marzipanrohmasse
2 EL	Mandelsplitter, geröstet

Marinierter Rhabarber

300 ml	Läuterzucker (Grundrezept auf Seite 223)
	Saft einer ½ Zitrone
	Mark einer ½ Vanilleschote
3 Stangen	Rhabarber, geschält

Rhabarberkompott

4 Stangen	Rhabarber, geschält
90 g	Zucker
125 ml	Weißwein
	Mark einer ½ Vanilleschote
60 ml	Whisky-Honig-Likör, klar
1 EL	Honig
5 EL	Himbeercoulis (Grundrezept auf Seite 223)
1 ½ Blatt	Gelatine

Rhabarber-Honig-Sorbet
Grundrezept auf Seite 227
Topfenknödel
Grundrezept auf Seite 225

Gazpacho und Gelee von exotischen Früchten mit indischem Pfeffer

Soufflierte Crêpe

Zubereitung

Gazpacho und Gelee von exotischen Früchten Die Strauchtomaten vierteln und zusammen mit dem Passionsfruchtsaft leicht anmixen. Den Zucker leicht karamellisieren, mit dem Wodka und Rum ablöschen und mit dem Tomaten-Passionsfrucht-Saft auffüllen. Minze, Pfeffer und Limonenschale zugeben. 10 Minuten ziehen lassen und durch ein Sieb passieren. 200 Milliliter des Fonds beiseitegeben und die Gelatine einrühren, kalt werden lassen. Die exotischen Früchte klein schneiden und auf beide Fonds aufteilen. Den Fond mit der Gelatine auf ein mit Frischhaltefolie ausgekleidetes Backblech gießen und 24 Stunden durchkühlen lassen. Dann Kreise ausstechen.

Soufflierte Crêpe Den Topfen mit Eigelb, Vanilleschote und Zitronenabrieb verrühren. Das Eiweiß mit dem Kristallzucker halb steif aufschlagen und vorsichtig unter die Eimasse heben. Zum Schluss den Passionsfruchtsaft einarbeiten. Metallring mit Butter ausstreichen, auszuckern und auf ein mit Backpapier ausgelegtes Backblech setzen. Jeweils einen Crêpe hineinlegen. Die Soufflémasse 3 Zentimeter hoch füllen und wieder mit einem Crêpe abdecken. Bei 200 °C im vorgeheizten Backofen 8 Minuten soufflieren lassen. Mit einem Messer herauslösen und sofort servieren.

Fertigstellung

Das Gelee und die Früchte von der Gazpacho auf einem Teller anrichten. Den soufflierten Crêpe daraufsetzen. Mit dem Sorbet und der Gazpacho sofort servieren. Eventuell mit Minze und Schokoladendekor ausgarnieren.

Gazpacho und Gelee von exotischen Früchten
(24 Stunden gekühlt)

80 g	Zucker
1 EL	brauner Rum
1 EL	Wodka
200 g	Strauchtomaten
200 ml	frischer Passionsfruchtsaft
5 Blatt	Minze
1 TL	indischer Pfeffer
	Schale von ¼ Limone
3 Blatt	Gelatine, eingeweicht
je 2 EL	Kumquats, Flugmango, Papaya, Litschi, Ananas (reines Fruchtfleisch)

Soufflierte Crêpe

150 g	Topfen, gut ausgedrückt
2	Eigelb
	Mark einer ½ Vanilleschote
	Abrieb einer ½ Zitrone
2	Eiweiß
60 g	Kristallzucker
1 EL	Passionsfruchtsaft
8	Crêpes, 5 cm Durchmesser

Passionsfruchtsorbet
Grundrezept auf Seite 227

Aromate von Safran und Granatapfel

Zubereitung

Gefüllte Krapfen Sahne, Butter, Safran, Granatapfelfond und Apfelessig aufkochen und 10 Minuten ziehen lassen. Die temperierte Schokolade und den Granatapfelfond hinzufügen. Die Masse glatt rühren, temperieren, in die Hohlkörper einfüllen und diese im Kühlfach gefrieren lassen. Die Schokoladenkugeln noch gefroren mithilfe eines Löffels gleichmäßig mit der Schokoladen-Backmasse bestreichen und in 200 °C heißem Fett 1 Minute ausbacken, dann im Backofen bei 190 °C circa weitere 2 Minuten backen. Mit Staubzucker leicht bestreuen.

Safran-Granatapfel-Parfait Die Äpfel schälen und mit einem Parisienne-Ausstecher 28 Kugeln ausstechen. Den Granatapfelfond aufkochen, Safranpulver einrühren und die Apfelkugeln 10 Minuten darin ziehen lassen. Die Apfelkugeln herausnehmen und kalt stellen. Crème fraîche in den Fond rühren, die Schokolade darin auflösen und zu einer glatten Masse verrühren. Die Gelatine im erwärmten Calvados auflösen und in die Schokoladenmasse einrühren. Eiweiß mit dem Zucker halb steif schlagen und unter die abgekühlte Masse ziehen. Die aufgeschlagene Sahne ebenfalls unterheben. Die Masse gleichmäßig auf ein mit Frischhaltefolie ausgekleidetes Blech streichen und darauf tiefkühlen. Mit einem Ausstecher Kreise von 5 Zentimetern Durchmesser aus der gefrorenen Masse stechen und diese zur Fertigstellung etwas antauen lassen.

Fertigstellung

Auf den Biskuitböden jeweils wechselnd Parfait, Gelee, eingelegte Äpfel, Parfait, Gelee und den warmen Schokoladenkrapfen übereinanderschichten. Dazu das Sorbet anrichten. Eventuell mit Blattgold, Granatapfelkernen und Schokoladendekor ausgarnieren.
Das Parfait kann vor dem Fertigstellen auch mit einer Schokoladen-Kakaobutter-Mischung besprüht werden (Airbrush).

Mit Granatapfelganache gefüllter Krapfen

4	Schokoladenhohlkörper
60 ml	Sahne
12 g	Butter
1 Msp.	Safranpulver
½ TL	Granatapfelfond (Grundrezept auf Seite 223)
1 Spritzer	Apfelessig
260 g	Zartbitterschokolade, Valrhona Extra Amer 67 %
	Staubzucker zum Bestreuen

Safran-Granatapfel-Parfait

100 ml	Granatapfelfond (Grundrezept auf Seite 223)
2	Äpfel (Granny Smith)
½ TL	Safranpulver
90 g	Zartbitterschokolade, 35 %
30 g	Crème fraîche
1 Blatt	Gelatine, eingeweicht und ausgedrückt
4 cl	Calvados
1	Eiweiß
25 g	Zucker
90 ml	Sahne
4	helle, dünne Biskuitböden, Kreise von 5 cm Durchmesser ausgestochen (Grundrezept auf Seite 222)

Schokoladen-Backmasse
Grundrezept auf Seite 224
Safran-Sorbet
Grundrezept auf Seite 227
Granatapfelfond und -gelee
Grundrezept auf Seite 223

Schokoladentarte
mit Mangokrokant
Piña-Colada-Eis

Zubereitung

Schokoladenfülle Crème fraîche und Sauerrahm aufkochen, mit der geschmolzenen Schokolade vermengen und glatt rühren. Eier, Eigelb und Zucker schaumig rühren. Die warme Schokoladencreme unter die Eimasse ziehen.

Mangokompott Flugmangos schälen und auf der Aufschnittmaschine links und rechts vom Kern 0,5 Zentimeter dicke Scheiben schneiden. Diese in gleichmäßige Würfel schneiden. Zucker und Honig karamellisieren, mit Kokoslikör und frischem Mangosaft ablöschen. Gewürze zugeben und siruppartig einkochen. Mangowürfel zugeben, 2 Minuten ziehen lassen, danach kalt stellen.

Fertigstellung

4 Tarteförmchen mit Schokomürbeteig auslegen. Auf jeden der Tarteböden 1 Esslöffel Mangokompott verteilen. Die Schokoladenfülle gleichmäßig darüberstreichen. Im vorgeheizten Backofen bei 180 °C circa 7 Minuten backen. Die Schokoladensauce kreisförmig auf Tellern verteilen und die Tarte direkt daraufstürzen. Mangokrokant und Piña-Colada-Eis dazu servieren. Eventuell mit Schokoladendekor und karamellisierter Mango servieren.

Schokoladenfülle

40 g	Crème fraîche
10 g	Sauerrahm
50 g	Zartbitterschokolade, Valrhona Manjari 64%
1	Ei
2	Eigelb
15 g	Zucker
4 EL	Mangokompott

Mangokompott

2	Flugmangos
30 g	Zucker
30 g	Honig
15 ml	Kokoslikör
100 ml	frischer Mangosaft
½	Zimtstange
	Mark einer ½ Vanilleschote
2	Sternanis
2	Nelken

Schokoladenmürbeteig
Grundrezept auf Seite 224
Mangokrokant
Grundrezept auf Seite 224
Weiße Schokoladensauce
Grundrezept auf Seite 225
Piña-Colada-Eis
Grundrezept auf Seite 226

Geeiste Lasagne von Valrhona-Schokolade und Walderdbeeren

Fromage-Blanc-Eis

Zubereitung

Schokoladenparfait Ei und Eigelb über Dampf schaumig rühren. Bacardi und Grand Marnier erwärmen und die eingeweichte Gelatine darin auflösen. Die temperierte Schokolade sowie Alkohol und Gelatine einrühren und die Masse abkühlen lassen. Zuerst ein Drittel der Sahne unterrühren, danach die anderen zwei Drittel locker unterheben.

Walderdbeerparfait Ei und Eigelb über Dampf schaumig rühren. Bacardi und Kokoslikör erwärmen und die eingeweichte Gelatine darin auflösen. Die temperierte weiße Schokolade, den Alkohol mit der Gelatine sowie die Walderdbeercoulis einrühren. Die Masse abkühlen lassen. Zuerst ein Drittel der Sahne unter die kühle Masse rühren, danach die anderen zwei Drittel locker unterheben.

Fertigstellung der Lasagne

Den Bacardi mit der Walderdbeercoulis etwas erwärmen und die Crêpes darin wenden. Zylinderformen mit Tortenrandfolie auskleiden und abwechselnd Schokoladenparfait, Walderdbeerparfait und Crêpe einfüllen. Dabei jede Schicht ganz kurz anfrieren lassen, zuletzt tiefkühlen. Bei Gebrauch etwas antauen lassen.

Lauwarmer Schokoladenkuchen mit Walderdbeersabayon Crème fraîche und Milch aufkochen, vom Herd nehmen. Fein gehackte Schokolade und Kakaopulver zugeben und die Masse glatt rühren. Eiweiß und Zucker halb steif aufschlagen und unter die 40 °C warme Schokoladenmasse vorsichtig unterheben. Gläser mit Butter ausstreichen und mit Zucker bestreuen. Mit der Schokoladenmasse drei Viertel vom Glas füllen und im vorgeheizten Backofen bei 180 °C circa 7 Minuten backen. Der Kern soll flüssig sein. Eigelb und Bacardi über Dampf cremig aufschlagen. Walderdbeercoulis zugeben und verrühren. Die Sabayon auf die Schokoladenkuchen verteilen.

Fertigstellung

Die geeiste Lasagne mit marinierten Walderdbeeren und dem Fromage-Blanc-Eis anrichten. Etwas Walderdbeercoulis dazu reichen. Den Schokoladenkuchen extra servieren.

Schokoladenparfait

1	Ei
1	Eigelb
3 cl	brauner Rum
2 cl	Grand Marnier
2 Blatt	Gelatine
150 g	Zartbitterschokolade, Valrhona Caraibe 66 %, temperiert
200 g	Sahne, geschlagen

Walderdbeerparfait

1	Ei
1	Eigelb
2 Blatt	Gelatine, eingeweicht
2 cl	Bacardi
2 cl	Kokoslikör
100 ml	Walderdbeercoulis (Grundrezept auf Seite 223)
100 g	weiße Schokolade, temperiert
200 ml	Sahne, geschlagen

Fertigstellung der Lasagne

2 cl	Bacardi
8	ausgestochene Crêpes (5 cm Durchmesser)
100 ml	Walderdbeercoulis (Grundrezept auf Seite 223)

Lauwarmer Schokoladenkuchen mit Walderdbeersabayon

50 g	Crème fraîche
20 ml	Milch
50 g	Zartbitterschokolade, Valrhona extra bitter 61 %, fein gehackt
1 TL	Kakaopulver
4	Eiweiß
150 g	Zucker
1	Eigelb
2 cl	Bacardi
40 ml	Walderdbeercoulis (Grundrezept auf Seite 223)

Fromage-Blanc-Eis

Grundrezept auf Seite 226

Tamarillogelee mit Marzipan-Gewürz-Creme

Orangen-Thymian-Cookies

Zubereitung

Tamarillogelee Wasser, Zucker und die ganzen Gewürze aufkochen und 20 Minuten ziehen lassen. Von den Tamarillos die Deckel mit dem Stiel abschneiden und das Fruchtmark sorgfältig herauslösen. Die Tamarillos mit dem Deckel 2 bis 3 Minuten im Sud ziehen lassen, bis sich die Haut löst. Herausnehmen und den Sud kalt stellen. Das Fruchtfleisch aus den Tamarillos nehmen und 1 Tag in den Sirup einlegen. Danach in kleine Stücke schneiden. 1 Esslöffel Fruchtfleisch beiseitegeben. Das Tamarillomark mit den Kernen, dem Orangensaft und dem Zucker zusammen aufkochen und durch ein feines Sieb passieren, das ergibt etwa 250 Milliliter Tamarillosaft. Die eingeweichte, gut ausgedrückte Gelatine im Saft auflösen. Das klein geschnittene Fruchtfleisch in den Saft geben. Eine Form mit Frischhaltefolie auskleiden und den Saft hauchdünn eingießen. Gut durchkühlen lassen und 4 Rechtecke (6 x 3 cm) schneiden.

Marzipan-Gewürz-Creme Das Marzipan mit der Milch und den abgezupften Thymianblättern aufmixen und durch ein Sieb passieren. Die Marzipanmilch mit dem Sternanis leicht erwärmen und die eingeweichte, gut ausgedrückte Gelatine darin auflösen. Kalt werden lassen und mit dem Grand Marnier parfümieren. Durch ein Sieb gießen. Die geschlagene Sahne unterheben. Ein Blech mit Frischhaltefolie auskleiden und die Creme hauchdünn eingießen. Gut durchkühlen lassen und 4 Rechtecke von 6 x 3 Zentimetern schneiden.

Fertigstellung

Das Dessert schichtweise zusammensetzen, beginnend mit dem Tamarillogelee, gefolgt von Cookie, Marzipan-Gewürz-Creme, Blutorangenfilets und einem weiteren Cookie. Das Orangen-Thymian-Eis sowie die Gewürztasche daneben platzieren. Eventuell mit Schokoladendekor, frischem Thymian und dem Tamarillodeckel ausgarnieren.

Tamarillogelee
(am Vortag vorbereiten)

4	große Tamarillos
600 ml	Wasser
280 ml	Zucker
½	Zimtstange
2	Nelken
6	Sternanis
1	kleines Stück Zitronenschale
1	Prise Muskat
100 ml	Orangensaft, frisch gepresst
60 g	Zucker
2 ½ Blatt	Gelatine

Marzipan-Gewürz-Creme

70 g	Marzipan
160 g	Milch
1	Thymianzweig
1	Sternanis
4 cl	Grand Marnier
3 Blatt	Gelatine
120 g	Sahne, geschlagen
20 Filets	von der Blutorange

Tamarillo-Gewürz-Tasche
Grundrezept auf Seite 224

Orangen-Thymian-Cookie
Grundrezept auf Seite 224

Orangen-Thymian-Eis
Grundrezept auf Seite 227

Bananensoufflé mit gebrannter Pistaziencreme

Zubereitung

Bananensoufflé Bananen fein pürieren. Durch ein Sieb streichen. Mit Topfen, Eigelb und Zitronensaft verrühren. Das Eiweiß mit Zucker steif schlagen. Zuerst ein Drittel des Eiweißes untermengen, danach das restliche Eiweiß vorsichtig unterheben. 4 Souffléformen von 5 Zentimetern Durchmesser ausbuttern und mit Kristallzucker ausstreuen. Die Formen zu drei Viertel mit Soufflémasse füllen, in ein Wasserbad setzen und kurz aufkochen. Im vorgeheizten Backofen bei 180 °C circa 20 Minuten backen.

Gebrannte Pistaziencreme Alle Zutaten miteinander vermengen. In eine kleine Terrinenform oder in kleine Schüsseln abfüllen und bei 80 °C circa 40 Minuten im Ofen garen. Aus dem Ofen nehmen und auskühlen lassen. Wenn man sie in eine Terrinenform gefüllt hat, rechteckig ausschneiden, mit braunem Rohrzucker bestreuen und mit einem Bunsenbrenner abflämmen.

Fertigstellung

Die gebrannte Creme auf einen Teller geben. Das Bananensorbet darauf anrichten. Das Soufflé mit Staubzucker bestreuen und auf einen separaten Teller setzen. Eventuell mit Schokoladendekor und karamellisierten Bananen servieren.

Bananensoufflé

110 g	Bananen, vollreif
20 g	Butter
100 g	Zucker
120 g	Topfen
85 g	Eigelb
40 ml	Zitronensaft
120 g	Eiweiß
75 g	Zucker
	Staubzucker zum Bestreuen

Gebrannte Pistaziencreme

38 g	Zucker
3	Eigelb
1	Vanilleschote
180 ml	Sahne
60 ml	Milch
2 EL	Pistazienmark
	brauner Rohrzucker zum Bestreuen

Bananensorbet
Grundrezept auf Seite 225

Farcen / Marinaden / Vinaigretten

Austernmarinade

▌ Für die Marinade den Zucker in einer Sauteuse leicht karamellisieren und mit Weißwein ablöschen. Die Zesten und Filets 5 Minuten darin ziehen lassen, herausnehmen und warm stellen. Den übrig gebliebenen Fond mit dem Limonenöl, Austernsaft, Saft und Abrieb der Zitrone vermengen und mit Meersalz und Pfeffer abschmecken.

50 g	Zucker
62 ml	Weißwein
	Zesten (mehrmals abgekocht) und Filets von
1	Zitrone
62 ml	Limonenöl
1 EL	Saft von den Austern
	Saft und Abrieb von
1	Zitrone
	Meersalz,
	Pfeffer aus der Mühle

Champagnervinaigrette

▌ Schalotten, Champignons und Sellerie in Olivenöl anschwitzen und mit Champagneressig und Geflügelfond aufgießen. Auf die Hälfte reduzieren lassen. Die übrigen Zutaten unterrühren und 4 bis 5 Tage gekühlt ziehen lassen. Mit Limonensaft, Salz, Zucker und Pfeffer würzen. Durch ein feines Sieb gießen und den Champagner dazugeben.

2	Schalotten, geschält und fein geschnitten
6	Champignons, gewaschen und blättrig geschnitten
20 g	Sellerie, geschält und fein geschnitten
1 EL	Olivenöl
40 ml	Champagneressig
20 ml	Geflügelfond
1	Lorbeerblatt
2	Wacholderbeeren
1 TL	Dijonsenf
160 ml	Olivenöl
90 ml	Traubenkernöl
1	Estragonzweig
	Limonensaft
	Salz, Zucker und weißer Pfeffer aus der Mühle
60 ml	Champagner

Curryöl

▌ Alle Zutaten vermengen und auf 60 °C erhitzen. Bei Zimmertemperatur 3 bis 4 Tage ziehen lassen.

200 ml	Olivenöl
2	Currykrautzweige
1 Msp.	Currypulver

Haselnuss-Sherry-Vinaigrette

▌ Schalotten, Knoblauch, Sellerie und Birnenfruchtfleisch in Olivenöl anschwitzen und mit Sherryessig und Geflügelfond aufgießen. Auf die Hälfte reduzieren lassen. Die übrigen Zutaten unterrühren und 4 bis 5 Tage gekühlt ziehen lassen. Mit Limonensaft, Salz, Zucker und Pfeffer würzen. Durch ein feines Sieb gießen und den Sherry dazugeben.

2	Schalotten, geschält und fein geschnitten
½	Knoblauchzehe, geschält und zerdrückt
20 g	Sellerie, geschält und fein geschnitten
50 g	Birnenfruchtfleisch ohne Kerne
1 EL	Olivenöl
40 ml	Sherryessig
30 ml	Geflügelfond
10 ml	Trüffeljus (Feinkostladen)
1	Lorbeerblatt
2	Wacholderbeeren
1 TL	Dijonsenf
160 ml	Haselnussöl
90 ml	Olivenöl
1	Thymianzweig
	Limonensaft
	Salz, Zucker und weißer Pfeffer aus der Mühle
40 ml	Sherry medium

Kalbfleischfarce

▌ Das Kalbfleisch klein schneiden und mit Salz, Cayennepfeffer und einem Spritzer Tabasco würzen und im Tiefkühlschrank anfrieren. Die Sahne separat anfrieren. In einer Moulinette das Fleisch mit der Sahne schnell aufmixen. Durch ein Sieb streichen. Mit Sherry abschmecken. Eiweiß halb steif aufschlagen und unter die Fleischmasse heben.

40 g	Kalbfleisch
	Salz
	Cayennepfeffer
	Tabasco
2 EL	Sahne
2 cl	Sherry
1	Eiweiß

Kartoffel-Liebstöckel-Marinade

▌ Für die Marinade den Kalbskopffond, Champagneressig und Distelöl leicht erwärmen. Senf und Püree einrühren. Die Kartoffelwürfel sowie den Liebstöckel zugeben und mit Salz, Pfeffer, Zucker und Zitronen abschmecken.

30 ml	Kalbskopffond (Rezept Gelierter Kalbskopf auf Seite 48)
30 ml	Champagneressig
40 ml	Distelöl
1 TL	Dijonsenf
2 EL	Kartoffelpüree
1 TL	gekochte, fein geschnittene Kartoffelwürfel
1 TL	in feine Streifen geschnittenen Liebstöckel
	Salz, Pfeffer, Zucker, Zitronensaft

Kürbistränke und Kürbissauce

▌ Beide Kürbisse halbieren, die Kerne entfernen. Einen Kürbis auf der Aufschnittmaschine in hauchdünne Scheiben schneiden, in kochendem Wasser blanchieren, abschrecken. Den Zucker karamellisieren, den grob geschnittenen zweiten Kürbis zusammen mit den Schalotten anschwitzen. Champignons und Bauchspeck zufügen. Mit Noilly Prat, Weißwein und Balsamico ablöschen, mit Fischfond auffüllen. Gewürze zugeben, mit Alufolie verschließen. Im Backofen weich schmoren. Anschließend 250 Milliliter des Fonds vom geschmorten Kürbis durch ein feines Sieb gießen und als Tränke für die Savarins beiseite stellen.
Vom restlichen Fond den Speck und die Gewürze entfernen und aufmixen. Durch ein Sieb passieren, mit Salz und Cayennepfeffer würzen. Mit der Butter aufmontieren.

2	kleine Hokaido-Kürbisse, ca. 400 g
50 g	Kristallzucker
3	Schalotten, grob geschnitten
40 g	Champignons gewaschen, blättrig geschnitten
1 Scheibe	geräucherter Bauchspeck
4 cl	Noilly Prat
2 cl	Weißwein
1 Spritzer	weißer Balsamico
½ l	Fischfond
1 Msp.	Safranpulver
2	Thymianzweige
1	Lorbeerblatt
	Salz, Cayennepfeffer
40 g	Butter zum Aufmontieren

Krustentier- oder Hummerfarce

▌ Das Krustentier- oder Hummerfleisch klein schneiden und mit Salz und einem Spritzer Tabasco würzen und im Tiefkühlschrank anfrieren. Separat die Sahne anfrieren. In einer Moulinette das Fleisch mit der Sahne schnell aufmixen. Durch ein Sieb streichen. Mit Sherry und Noilly Prat abschmecken. Eventuell noch Salz und Tabasco zufügen.

200 g	Krustentier- oder Hummerfleisch
160 ml	Sahne
2 cl	Sherry
2 cl	Noilly Prat
	Salz
	Cayennepfeffer
	Tabasco

Fischfarce

▌ Fischfilet ohne Gräten und ohne Haut (vorzugsweise Zander oder Hecht) im Verhältnis 1:1 zum Krustentierfleisch verarbeiten.

Limonenöl

▌ Alle Zutaten vermengen und auf 60 °C erhitzen. Im Mörser leicht andrücken und bei Zimmertemperatur 3 bis 4 Tage ziehen lassen.

200 ml	Olivenöl
	Schale von 4 unbehandelten Limonen

Orangenöl

▌ Die Orangenschalen 2- bis 3-Mal in kochendem Wasser blanchieren. Das Nussöl auf 60 °C erhitzen. Die Orangenschalen zugeben und im Mörser leicht andrücken. Bei Zimmertemperatur 3 bis 4 Tage ziehen lassen.

200 ml	Nussöl
	Schalen von 2 unbehandelten Orangen

Steinpilzöl

▌ Die Steinpilze in 4 EL Olivenöl leicht ansautieren. Mit dem restlichen Öl auffüllen und auf 60 °C erhitzen. Bei Zimmertemperatur 2 Tage ziehen lassen. Danach kalt stellen. 2 bis 3 Tage haltbar.

100 ml	Olivenöl
100 ml	Sonnenblumenöl
4 EL	klein gehackte Steinpilze

Saucen & Fonds

Apfel-Balsamico-Reduktion

▌ Den Zucker karamellisieren und mit Balsamico auffüllen. Süßholzwurzel leicht platieren und dazugeben. Sirupartig einkochen. Durch ein feines Sieb gießen. Die Apfelbutter einrühren. Eventuell leicht salzen.

50 g	Zucker
400 ml	weißer Balsamico
4 g	Süßholzwurzel
2 EL	grüne Apfelbutter (Rezept Granny-Smith-Gänseleberterrine auf Seite 44)

Bohnenkrautvelouté

▌ Die Schalotte und die Champignons in wenig Olivenöl leicht anschwitzen. Die Bohnenkerne zugeben und mit Noilly Prat ablöschen. Das Bohnenpüree und das Bohnenkraut zugeben und mit der Fischsauce auffüllen. Den Pfirsichsaft zugeben, durchmixen und fein passieren. Eventuell mit Salz und Pfeffer nachwürzen.

1	Schalotte
20 g	Champignons, fein geschnitten
20 g	grüne Bohnenkerne
4 cl	Noilly Prat
1 EL	weißes Bohnenpüree
2	abgezupfte Bohnenkrautzweige
250 ml	Fischsauce
2 cl	frisch gepresster Pfirsichsaft
	Salz und Pfeffer aus der Mühle
	Olivenöl

Fischfond (ca. 2 ½ l)

▌ Die Fischgräten über Nacht gut wässern. Abtropfen lassen und in Olivenöl bei wenig Hitze farblos anschwitzen.
Gemüse, Knoblauch, Salz und Gewürze zugeben und mit Noilly Prat und Weißwein ablöschen. Mit kaltem Wasser bedeckt auffüllen und langsam aufkochen. Thymianzweige zugeben und circa 40 Minuten ziehen lassen. Den Fond vorsichtig durch ein Passiertuch gießen und kalt stellen.

2 kg	Fischgräten (vorzugsweise Stein- bzw. Glattbutt)
125 ml	Olivenöl
160 g	Zwiebel, geschält und klein geschnitten
160 g	Lauch (nur das Weiße), klein geschnitten
160 g	Fenchel, klein geschnitten
4	zerdrückte Knoblauchzehen
1 EL	Fleur de sel
9	zerdrückte Pfefferkörner
2	frische Lorbeerblätter
250 ml	Noilly Prat
150 ml	Weißwein
2	Thymianzweige

Fischsauce (ca. 600 ml)

▌ Das Gemüse zusammen mit dem Knoblauch in Olivenöl farblos anschwitzen. Mit Noilly Prat und Weißwein ablöschen und um die Hälfte reduzieren. Mit Fischfond und der Crème double auffüllen. Nochmals um ²/₃ reduzieren lassen. Die Kräuter auflegen und 20 Minuten ziehen lassen. Die Sauce durch ein feines Sieb gießen und mit Fleur de sel und Pfeffer aus der Mühle abschmecken. Mit Estragonessig und Zitronensaft verfeinern. Die Butter in die Sauce einrühren. Bei Gebrauch mit dem Mixstab aufschäumen.

je 60 g	Schalotten und Fenchel, klein geschnitten
40 g	Knollensellerie, gewaschen und klein geschnitten
80 g	Champignons, gewaschen und fein geschnitten
1	Knoblauchzehe, geschält und klein geschnitten
3 EL	Olivenöl
je 2 cl	Noilly Prat und Weißwein
600 ml	Fischfond
300 ml	Crème double
je 1	Rosmarin- und Zitronen-verbenenzweig
1	Lorbeerblatt
	Fleur de sel, weißer Pfeffer aus der Mühle
1 Spritzer	Estragonessig
1 Spritzer	Zitronensaft
80 g	Butter

Geflügelfond (ca. 1,5 l)

▌ Das Huhn über Nacht gut wässern und mit kaltem Wasser auffüllen. Langsam aufkochen und abschöpfen. Gewürze zugeben und 2 Stunden leicht köcheln lassen. Gemüse und Kräuter zugeben und nochmals 1 Stunde ziehen lassen. Den Fond durch ein Passiertuch gießen und kalt stellen.

1	Suppenhuhn à ca. 1 kg
130 g	Zwiebel, geschält und klein geschnitten
je 100 g	Lauch und Sellerie, klein geschnitten
50 g	Karotten, fein geschnitten
1	Tomate, geviertelt
2	frische Lorbeerblätter
9	Pfefferkörner
3	Petersilienzweige

Geflügelsauce (ca. 500 ml)

▎ Die Knochen und Keulen in einem Topf mit Erdnussöl und Butterschmalz im Backofen bei 220 °C braun anrösten. Das Fett abgießen und die Knochen beiseitegeben. Die Schalotten, das Gemüse und die Champignons im selben Topf ebenfalls kräftig anbraten. Mit Rotwein, Portwein, Madeira und Sherry ablöschen und einkochen lassen. Die Knochen, Keulen, geschälte Tomaten, Pfeffer, Lorbeer und Salz zugeben und mit Geflügelfond aufgießen, ca. 4,5 bis 5 Stunden leicht köcheln lassen. Anschließend durch ein Passiertuch gießen, die Kräuter zugeben und 30 Minuten ziehen lassen. Nochmals durch ein feines Sieb gießen und zur gewünschten Konsistenz reduzieren lassen. Mit der Butter aufmontieren und eventuell mit Salz und Pfeffer nachwürzen.

2,5 kg	Geflügelknochen, klein gehackt
3	Hühnerkeulen, zerkleinert
250 g	Schalotten
je 80 g	Sellerie, Karotten, Lauch, klein geschnitten
120 g	Champignons, klein geschnitten
120 ml	kräftiger Rotwein
6 cl	Portwein
4 cl	Madeira
4 cl	Sherry
80 g	geschälte Tomaten aus der Dose
9	weiße Pfefferkörner, zerdrückt
2	frische Lorbeerblätter
5 l	Geflügelfond
je 3	Rosmarin- und Thymianzweige
60 g	Butter
	Erdnussöl und Butterschmalz zum Anbraten
	Salz und Pfeffer aus der Mühle

Hagebuttensauce

▎ Das Gemüse grob schneiden und in Olivenöl anschwitzen. Schweinebauch und Hagebuttenblüten zugeben. Estragonzweige und den Essig zugeben. Mit Weißwein und Noilly Prat ablöschen. Mit Geflügel- und Fischfond auffüllen. Roh geriebene Kartoffeln zugeben und auf ein Drittel einkochen lassen. Gewürze zugeben und zur sämigen Konsistenz einkochen lassen. Durch ein feines Sieb gießen und mit der Butter aufmontieren. Mit Salz und Pfeffer kräftig würzen.

2	Schalotten, geschält
20 g	Champignons
20 g	Staudensellerie
20 g	Fenchel
20 g	geräucherter Schweinebauch
7 g	getrocknete Hagebuttenblüten
2	Estragonzweige
2 Spritzer	Estragonessig
2 cl	Weißwein
2 cl	Noilly Prat
250 ml	Geflügelfond
250 ml	Fischfond
30 g	rohe Kartoffeln
1	Lorbeerblatt
1	Oreganozweig
1	Sternanis
20 g	Butter
	Salz, weißer Pfeffer aus der Mühle
	Olivenöl

Kalbsfond (ca. 1,5 l)

▎ Die Knochen in kochendem Salzwasser blanchieren und abgießen. Knochen kalt abspülen. Knochen bedeckt mit kaltem Wasser langsam zum Kochen bringen, mehrmals abschöpfen. Die Zwiebel halbieren und in einer Pfanne dunkel anbraten. Gemüse und Gewürze dazugeben und etwa 3 Stunden leicht köcheln lassen. Nach 2 Stunden die Kräuter zugeben. Den Fond durch ein Passiertuch gießen und kalt stellen.

2 kg	Kalbfleischknochen
je 150 g	Karotten, Staudensellerie und Lauch, klein geschnitten
100 g	Zwiebeln
je 1	Rosmarin- und Thymianzweig
9	weiße Pfefferkörner
2	frische Lorbeerblätter

Kalbssauce (ca. 500 ml)

▎ Die Knochen und die Parüren in einem Topf mit Erdnussöl und Butterschmalz im Backofen bei 220 °C braun anrösten. Das Fett abgießen und die Knochen beiseitegeben. Die Schalotten, das Gemüse und die Champignons im selben Topf ebenfalls kräftig anbraten. Mit Rotwein, Portwein und Madeira ablöschen und einkochen lassen. Die Knochen, Parüren, geschälte Tomaten, Pfeffer und Lorbeer zugeben und mit Kalbsfond aufgießen, etwa 4,5 bis 5 Stunden leicht köcheln lassen. Anschließend durch ein Passiertuch gießen, die Kräuter zugeben und 30 Minuten ziehen lassen. Nochmals durch ein feines Sieb gießen und zur gewünschten Konsistenz reduzieren lassen. Mit der Butter aufmontieren und eventuell mit Salz und Pfeffer nachwürzen.

2,5 kg	Kalbsknochen, klein gehackt
1 kg	Kalbfleischparüren
250 g	Schalotten
je 80 g	Sellerie, Karotten, Lauch, klein geschnitten
120 g	Champignons, klein geschnitten
150 ml	kräftiger Rotwein
6 cl	Portwein
4 cl	Madeira
80 g	geschälte Tomaten aus der Dose
9	weiße Pfefferkörner, zerdrückt
2	frische Lorbeerblätter
5 l	Kalbsfond
je 3	Rosmarin- und Thymianzweige
60 g	Butter
	Erdnussöl und Butterschmalz zum Anbraten
	Salz und Pfeffer aus der Mühle

Kopfsalatvelouté

▎ Den Salat kurz blanchieren und in Eiswasser abschrecken. Abtropfen lassen und bis auf die Crème fraîche mit allen Zutaten im Mixer fein pürieren. Kurz erwärmen und mit der Crème fraîche aufmixen. Mit Salz, Pfeffer, Muskat und Limettensaft abschmecken.

600 g	Kopfsalat, ohne gelbe Herzen
50 ml	Austernsaft
50 ml	Fischfond
200 ml	Sahne
1 EL	Crème fraîche
	Fleur de sel, Muskat, Cayennepfeffer
1 Spritzer	Limettensaft

Saucen & Fonds

Krustentierfond (ca. 1 l)

▐ Die Schalen in Olivenöl bei wenig Hitze farblos anschwitzen. Mit Amaretto, Cognac und Madeira ablöschen und wenig einkochen lassen. Noilly Prat, Weißwein, Gemüse, Knoblauch und Gewürze zugeben und mit kaltem Wasser bedeckt auffüllen und langsam aufkochen. Den Fond circa 40 Minuten leicht köcheln lassen. Den Fond vorsichtig durch ein Passiertuch gießen und auf 1,5 Liter reduzieren Die Kräuter zugeben und nochmals 15 Minuten ziehen lassen. Den Fond durch ein Passiertuch gießen und kalt stellen.

2 kg	ausgebrochene Schalen von Krustentieren, klein gehackt
125 ml	Olivenöl
2 cl	Amaretto
2 cl	Cognac
4 cl	Madeira
150 ml	Noilly Prat
100 ml	Weißwein
120 g	Champignons, klein geschnitten
120 g	Schalotten, geschält und klein geschnitten
je 120 g	Lauch (nur das Weiße) und Fenchel, klein geschnitten
150 g	frische Tomaten
4	zerdrückte Knoblauchzehen
9	zerdrückte Pfefferkörner
2	frische Lorbeerblätter
1	Sternanis
2	Estragonzweige

Lamm- oder Kitzsauce (ca. 500 ml)

▐ Die Knochen und die Parüren in einem Topf mit Erdnussöl und Butterschmalz im Backofen bei 220 °C braun anrösten. Das Fett abgießen und die Knochen beiseitegeben. Die Schalotten, das Gemüse, Champignons und Knoblauch im selben Topf ebenfalls kräftig anbraten. Mit Rotwein und Sherry ablöschen, einkochen lassen. Die Knochen, Parüren, geschälten Tomaten, Pfeffer und Lorbeer zugeben und mit Geflügelfond aufgießen, circa 4,5 bis 5 Stunden leicht köcheln lassen. Anschließend durch ein Passiertuch gießen, die Kräuter zugeben und 30 Minuten ziehen lassen. Nochmals durch ein feines Sieb gießen und zur gewünschten Konsistenz reduzieren lassen. Mit der Butter aufmontieren und eventuell mit Salz und Pfeffer nachwürzen.

2,5 kg	Lamm- oder Kitzknochen, klein gehackt
250 g	Lamm- oder Kitzfleischparüren (ohne Fett)
750 g	Kalbfleischparüren
250 g	Schalotten
je 80 g	Sellerie, Karotten, Lauch, klein geschnitten
120 g	Champignons, klein geschnitten
4	Knoblauchzehen, zerdrückt
150 ml	kräftiger Rotwein
6 cl	Sherry
80 g	geschälte Tomaten aus der Dose
9	weiße Pfefferkörner, zerdrückt
2	frische Lorbeerblätter
5 l	Geflügelfond
je 3	Rosmarin- und Thymianzweige
60 g	Butter
	Erdnussöl und Butterschmalz zum Anbraten
	Salz und Pfeffer aus der Mühle

Lammfond (ca. 1,5 l)

▐ Das Butterschmalz erhitzen und die Knochen rundherum anrösten. Gemüse, Zwiebel und Knoblauch zugeben und mitrösten. Kräuter und Tomatenmark zugeben, gut anrösten. Mit Wasser auffüllen. Pfefferkörner und Lorbeerblätter zugeben. Den Fond bei mittlerer Hitze 3 bis 4 Stunden leicht köcheln lassen. Immer wieder abschäumen und entfetten. Den Fond durch ein Passiertuch gießen und kalt stellen.

2 kg	Lammknochen, klein gehackt
	Butterschmalz zum Braten
je 150 g	Karotten, Staudensellerie, Lauch, Champignons, klein geschnitten
100 g	Zwiebeln, klein geschnitten
8	Knoblauchzehen
8	schwarze Pfefferkörner
je 2	Rosmarin- und Thymianzweige
9	weiße Pfefferkörner
2	frische Lorbeerblätter
1 EL	Tomatenmark
2 l	Wasser

Mandelschaum

▐ Die Schalotten und Champignons in wenig Olivenöl anschwitzen. Den Thymian und Bauchspeck zugeben und mit Portwein und Noilly Prat ablöschen. Mit Mandelmilch, Sahne und Geflügelfond auffüllen und auf die Hälfte reduzieren lassen. Durch ein feines Sieb passieren und mit Zitronensaft, Bittermandelaroma, Salz und Pfeffer würzen. Vor Gebrauch die Crème fraîche zugeben und mit einem Mixstab aufschäumen.

100 g	Schalotten, geschält und fein geschnitten
60 g	Champignons
1	Thymianzweig
1 Scheibe	angeräucherter Bauchspeck
50 ml	weißer Portwein
50 ml	Noilly Prat
150 ml	Mandelmilch
100 ml	Sahne
100 ml	Geflügelfond
1 Spritzer	Zitronensaft
	Bittermandelaroma
	Salz und Pfeffer aus der Mühle
1 EL	Crème fraîche
	Olivenöl

Parmesanvelouté

Schalotten, Champignons und Bauchspeck in Olivenöl farblos anschwitzen. Kräuter und Knoblauch zugeben und mit Noilly Prat ablöschen. Mit Geflügelfond und Sahne auffüllen und auf die Hälfte reduzieren. Durch ein feines Sieb passieren. Crème fraîche und Parmesan zufügen und mit dem Mixstab gut durchmixen. Mit Balsamico, Salz, Pfeffer und einem Spritzer Zitronensaft abschmecken. Vor dem Servieren nochmals mixen.

3	Schalotten, geschält und klein geschnitten
20 g	Champignons, klein geschnitten
1 Scheibe	Bauchspeck
je 1	Salbei- und Blattpetersilienzweig
1	Knoblauchzehe, zerdrückt
4 cl	Noilly Prat
300 ml	Geflügelfond
100 ml	Sahne
1 EL	Crème fraîche
70 g	frisch geriebener Parmesan
1 Spritzer	weißer Balsamico
	Salz, Pfeffer, Zitronensaft

Provençalische Reduktion

Die Steinpilze zusammen mit den Schalotten in Olivenöl anschwitzen und mit Riesling und Balsamico ablöschen. Mit Geflügelfond auffüllen, die Kräuterzweige sowie die Tamarindenpaste zugeben und auf die Hälfte reduzieren lassen. Tomaten und Basilikum zugeben. Kräuterzweige entfernen und mit Salz, Pfeffer und Zitronensaft abschmecken. Mit 20 Gramm Butter aufmontieren.

100 g	Steinpilze, geputzt und fein gehackt
1 EL	Schalotten, fein gehackt
2 cl	Riesling
1 cl	alter Balsamico
62 ml	Geflügelfond
je 1	Rosmarin- und Thymianzweig
1 Msp.	Tamarindenpaste
1 EL	Tomatenconcassé
1 TL	Basilikum, in Streifen geschnitten
1 Spritzer	Zitronensaft
	Salz, weißer Pfeffer aus der Mühle
	Olivenöl, Butter

Riesling-Spätlese-Gewürzfond (ca. 500 ml)

Den Zucker leicht karamellisieren und die Schalotten sowie den Bauchspeck anschwitzen. Mit Estragonessig und Riesling Spätlese ablöschen. Gewürze und Kräuter zugeben und 30 Minuten ziehen. Durch ein feines Sieb passieren und mit der Butter aufmontieren. Mit Salz, Pfeffer und Koriander abschmecken. Kalt stellen.

5 EL	Zucker
4	Schalotten, geschält und klein geschnitten
2 EL	Estragonessig
400 ml	Riesling Spätlese
70 g	Bauchspeck
1	Sternanis
1	Nelke
4	Korianderzweige
2	Salbeizweige
2	Estragonzweige
2	frische Lorbeerblätter
110 g	Butter
	Salz, Pfeffer und Koriander aus der Mühle

Safran-Gewürz-Aufguss

Die Schalotten, Champignons und Paprikawürfel in Olivenöl anschwitzen. Chorizo, Safran und Zitronenthymian zugeben und mit Weißwein ablöschen. Mit Geflügelfond und Krustentierfond auffüllen, Gewürze zugeben und sämig einkochen lassen. Durch ein feines Sieb gießen und mit der Butter aufmontieren. Mit Salz und Pfeffer kräftig würzen.

2	Schalotten, geschält und fein geschnitten
40 g	Champignons
1 EL	rote Paprika ohne Schale, fein gewürfelt
10 g	Chorizo
1 Prise	Safranfäden
2	Zitronenthymianzweige
125 ml	Geflügelfond
125 ml	Krustentierfond
2 cl	Weißwein
1	Nelke
1	Sternanis
10 g	Butter
	Salz, Pfeffer aus der Mühle, Olivenöl

Safran-Karotten-Texturen

In wenig Olivenöl die Schalotten, die Champignons und den Chorizo glasig anschwitzen. Mit Noilly Prat und Weißwein ablöschen. Mit Geflügelfond und Karottensaft auffüllen. Champagneressig, Koriander und Safran zugeben und auf die Hälfte reduzieren. Mit Salz, Cayennepfeffer und Zitronensaft abschmecken. Durch ein feines Sieb gießen. Die Tapiokaperlen zugeben und ziehen lassen. Es entsteht eine natürliche Bindung durch die Perlen, diese sollten aber bissfest bleiben. Zum Schluss die Karottenwürfel dazugeben. Pikant abschmecken.

5	Schalotten, geschält und klein geschnitten
20 g	Champignons, klein geschnitten
10 g	Chorizo, fein geschnitten
4 cl	Noilly Prat
4 cl	Weißwein
200 ml	Geflügelfond
500 ml	frisch gepresster Karottensaft
1 Spritzer	Champagneressig
1	Korianderzweig
1 Prise	Safranfäden
1 EL	Tapiokaperlen
2 EL	gekochte, fein gewürfelte Karotten
	Salz, Cayennepfeffer, Zitronensaft, Olivenöl

Schalotten-Essig-Fond

Den Zucker hell karamellisieren. Die Butter zugeben, aufschäumen lassen, die Schalotten und den Bauchspeck darin anschwitzen. Mit Estragonessig und Mineralwasser ablöschen. Kräuter und Gewürze zunehmen. Alles zusammen sirupartig einkochen. Kräuter und Gewürze herausnehmen. Mit Estragonsenf, Salz und Pfeffer abschmecken. Kalt stellen.

2 EL	Zucker
100 g	Butter
2	Schalotten, geschält und in feine Würfel geschnitten
2 Scheiben	Bauchspeck
250 ml	Mineralwasser
4 cl	Estragonessig
3	Estragonzweige
1 EL	Estragonsenf
2	Nelken
	Salz und Pfeffer aus der Mühle

Selleriefond (ca. 1,5 l)

▌ Alle Zutaten in 2,5 Litern Wasser zum Kochen bringen und 3 Stunden ziehen lassen. Durch ein Passiertuch gießen und kalt stellen.

2	Sellerieknollen, in feine Würfel geschnitten
1	Stangensellerie, in feine Würfel geschnitten
2	frische Lorbeerblätter
15	schwarze Pfefferkörner etwas Muskat

Spargelfond (ca. 1 l)

▌ Alle Zutaten in 1,5 Litern Wasser zum Kochen bringen und 2 Stunden ziehen lassen. Durch ein Passiertuch gießen und kalt stellen.

1 kg	Spargelabschnitte (ohne Schalen und Endstücke)
1	Apfel, halbiert mit Schale
1	Zitronenspalte
2	Wacholderbeeren
1	frisches Lorbeerblatt
2	schwarze Pfefferkörner

Wild- , Wildgeflügel- oder Wachtelfond (ca. 1,5 l)

▌ Die Knochen in einem Topf mit Butterschmalz im Backofen bei 220 °C Ober-/Unterhitze braun anrösten. Das Fett abgießen und die Knochen beiseite geben. Die Schalotten, Champignons und das Gemüse im selben Topf ebenfalls kräftig anbraten. Das Tomatenmark mitrösten und mit Rotwein ablöschen und einkochen lassen. Die Knochen und Gewürze zugeben und mit kaltem Wasser auffüllen, langsam aufkochen lassen, immer wieder abschöpfen. Circa 2 Stunden leicht köcheln lassen. Die Kräuter zugeben und nochmals 1 Stunde ziehen lassen. Anschließend durch ein Passiertuch gießen und kalt stellen.

1,5 kg	Wild-, Wildgeflügel- oder Wachtelknochen, klein gehackt
	Butterschmalz, zum Anbraten
je 100 g	Schalotten und Champignons, klein geschnitten
je 150 g	Karotten und Lauch, klein geschnitten
4	vollreife Tomaten, geviertelt
2 EL	Tomatenmark
9	weiße Pfefferkörner
2	frische Lorbeerblätter
9	Wacholderbeeren
1 l	kräftiger Rotwein
2 l	Wasser
je 1	Rosmarin- und Thymianzweig

Wildsauce (ca. 500 ml)

▌ Die Knochen und die Parüren in einem Topf mit Erdnussöl und Butterschmalz im Backofen bei 220 °C Ober-/Unterhitze braun anrösten. Das Fett abgießen und die Knochen beiseite geben. Die Schalotten, das Gemüse und die Champignons im selben Topf ebenfalls kräftig anbraten. Mit Rotwein, Portwein und Madeira ablöschen und einkochen lassen. Die Knochen, Parüren, geschälte Tomaten, Gewürze, Salz und Preiselbeermarmelade zugeben und mit Geflügelfond aufgießen, circa 4,5 bis 5 Stunden leicht köcheln lassen. Anschließend durch ein Passiertuch gießen, die Kräuter zugeben und 30 Minuten ziehen lassen. Nochmals durch ein feines Sieb gießen und zur gewünschten Konsistenz reduzieren lassen. Mit der Butter aufmontieren und eventuell mit Salz und Pfeffer nachwürzen.

2,5 kg	Wildknochen, klein gehackt
1 kg	Wildparüren
250 g	Schalotten
je 80 g	Sellerie, Karotten, Lauch, klein geschnitten
120 g	Champignons, klein geschnitten
150 ml	kräftiger Rotwein
6 cl	Portwein
4 cl	Madeira
80 g	geschälte Tomaten aus der Dose
9	weiße Pfefferkörner, zerdrückt
10	Wacholderbeeren, zerdrückt
2 EL	Preiselbeermarmelade
2	Nelken
2	frische Lorbeerblätter
5 l	Geflügelfond
3	Rosmarinzweige
60 g	Butter Erdnussöl und Butterschmalz zum Anbraten Salz und Pfeffer aus der Mühle

Zitronengras-Apfel-Sud

▌ Schalotten und Champignons in wenig Olivenöl farblos anschwitzen. Mit Calvados ablöschen und mit Geflügelfond auffüllen. Den Apfelsaft, Zitronengras und Curry zugeben und um die Hälfte einreduzieren lassen. Durch ein feines Sieb gießen. Mit Salz und Cayennepfeffer abschmecken. Davon 2 Esslöffel wegnehmen und die Apfelperlen darin schwenken.
Die grünen Apfelschalen, die Petersilie und die flüssige Butter zusammen in der Moulinette sehr fein mixen. Eventuell durch ein Sieb passieren. Kalt stellen. Das ergibt eine grüne Apfelbutter. 2 Esslöffel von der grünen Apfelbutter in den Apfelsud geben.

2	Schalotten, geschält und klein geschnitten
15 g	absolut weiße Champignons, klein geschnitten
4 cl	Calvados
100 ml	Geflügelfond
300 ml	frisch gepresster Granny-Smith-Saft (Schalen vor dem Pressen beiseitegeben)
1	Zitronengrasstange, leicht plattiert
1 Prise	feinster Curry
8	Petersilienblätter
70 g	flüssige Butter Salz, Cayennepfeffer
1 EL	Apfelperlen Olivenöl zum Braten

Algenkrokant

150 g	Algen (Passe Pierre)
200 ml	Läuterzucker
	Saft von ½ Zitrone

❚ Die Algen waschen, zuputzen und in einen Vakuumbeutel geben. Zusammen mit dem Läuterzucker und dem Zitronensaft vakuumieren. In kochendem Wasser 2 Minuten garen und sofort in Eiswasser abschrecken. Aus dem Vakuumbeutel nehmen und auf ein Backpapier legen. Bei 50 °C circa 3 bis 4 Stunden trocknen lassen. Des Öfteren wenden. Fein hacken. Trocken aufbewahren.

Apfel-Blutwurst-Cannelloni

1	grüner Apfel (Granny Smith)
1 TL	gehackte Schalotten
2 cl	Cidre (franz. Apfelwein)
40 g	Blutwurst, klein geschnitten
1 Msp.	gehackter Majoran
	Butterschmalz
	Salz und Pfeffer aus der Mühle
	braune Butter zum Beträufeln

❚ Den Apfel entkernen und auf der Aufschnittmaschine hauchdünne Scheiben herunterschneiden. Ebenso 1 Teelöffel feine Würfel aus dem Apfel schneiden. Die Apfelscheiben in Butterschmalz glasig anbraten. Die Schalotten und Apfelwürfel in Butterschmalz ansautieren und mit dem Cidre ablöschen. Die Blutwurst und den Majoran zugeben und kurz mitsautieren. Mit Salz und Pfeffer nachschmecken und auskühlen lassen. Die Blutwurst in die Apfelscheiben wie Cannelloni einschlagen. Im Dämpfkorb circa 2 Minuten aufdämpfen. Mit brauner Butter beträufeln.

Artischocken-Nuss-Salat

1	Artischocke, bissfest gegart
je 1 TL	Sellerie- und Karottenwürfel, bissfest gegart
½ TL	fein geschnittener Koriander
1 TL	Walnussöl
2 Spritzer	Weißweinessig
	Salz, Pfeffer aus der Mühle

❚ Alle Zutaten miteinander vermengen und pikant abschmecken.

Auberginenkaviar

1	Aubergine, der Länge nach halbiert
je 1	Rosmarin-, Thymian-, Salbei- und Basilikumzweig
½	Knoblauchzehe
1	kleine Schalotte Olivenöl
1	Zunge getrocknete Ofentomaten, gewürfelt
20 ml	Champagneressig
20 ml	weißer Portwein
	Salz, Pfeffer aus der Mühle

❚ Die Auberginen am Fruchtfleisch einritzen. Ein Backblech mit Olivenöl auspinseln, Salz und Pfeffer darüberstreuen. Die Auberginen mit der Schnittfläche nach unten auf das Backblech legen und nochmals würzen. Die Kräuter darübergeben und mit Alufolie luftdicht verschließen. Im Backofen bei 180 °C etwa 50 Minuten garen. Aus dem Ofen nehmen und das Fruchtfleisch mit einem Löffel herauskratzen und sehr fein hacken. Fein gehackte Schalotte und Knoblauch in Olivenöl anrösten, die klein gehackten Auberginen zufügen und mit Champagneressig und Portwein ablöschen. Etwa 5 Minuten bei wenig Hitze ziehen lassen. Das restliche Öl vom Backblech hineinsieben. Die Tomatenwürfel zufügen und nochmals mit Salz und Pfeffer nachwürzen.

Bärlauchpüree

8 EL	Kartoffelpüree
4 EL	Geflügelfond
4	kleine Bund Bärlauch Butter zum Montieren
1 TL	geschlagene Sahne

❚ Den Bärlauch in Salzwasser kurz blanchieren und im Eiswasser abschrecken. Den Bärlauch zusammen mit dem Geflügelfond in der Moulinette sehr fein mixen und durch ein Sieb passieren. Den Bärlauchfond einreduzieren, mit Butter montieren. Das Kartoffelpüree im Bärlauchfond erhitzen. Die geschlagene Sahne unterheben.

Belugalinsen

▮ Die Paprika halbieren und Kerngehäuse entfernen. Zucker karamellisieren und mit 100 Milliliter Geflügelfond aufgießen. Die Paprikahälften
zugeben. Estragonzweig und Essig
zugeben, luftdicht mit Alufolie verschließen und im Backofen weich
garen. Die Haut abziehen und die
Paprika in feine Würfel schneiden.
Den Fond sirupartig einkochen und
mit dem Paprika vermengen. Mit Salz
und Pfeffer würzen. Kräuterzweig
entfernen und den gehackten Estragon unterheben.
Die Linsen über Nacht in kaltem Wasser einweichen. Die Schalotten in
Butter und Olivenöl farblos anschwitzen. Die Linsen mit den Kräuterzweigen zugeben und mit dem Essig und
dem restlichen Geflügelfond ablöschen. Die Linsen bissfest garen.
Kräuterzweige entfernen und durch
ein Sieb gießen. Den Fond sirupartig
einkochen und mit 20 Gramm Butter
aufmontieren. Die Linsen zugeben
und mit Salz und Pfeffer würzen. Die
Steinpilze in Scheiben schneiden und
in einer Pfanne mit Olivenöl scharf
abbraten. Würzen mit Salz und Pfeffer. Die Linsen auf den Steinpilzen
anrichten.

je 1 Stk.	rote und gelbe Paprika
2 EL	Zucker
1	Estragonzweig
80 g	Belugalinsen
1	Schalotte, fein gewürfelt
je 1	Rosmarin- und Thymianzweig
10 ml	Rotweinessig
220 ml	Geflügelfond
2 Stk.	mittelgroße Steinpilze
1 Spritzer	Estragonessig
	Butter und Olivenöl zum Braten
	Salz, Pfeffer aus der Mühle

Birnen-Oliven-Kompott

▮ Die Birne schälen, entkernen und
in feine Würfel schneiden. Den Zucker
in einer Pfanne karamellisieren, die
Birnenstücke zugeben und mit Champagner und dem Birnensaft ablöschen.
Thymianzweig zugeben, mit Salz und
Cayennepfeffer würzen. 5 Minuten
ziehen lassen. Den Thymian entfernen und die Oliven zugeben.

1	Birne
50 g	Zucker
1	Thymianzweig
20 ml	Champagner
20 ml	frisch gepresster Birnensaft
	Salz, Cayennepfeffer
1 EL	geviertelte, entsteinte schwarzen Oliven

Birnen-Topinambur-Feuilleté

▮ Sahne aufkochen. Topinambure
schälen und auf der Aufschnittmaschine in hauchdünne Scheiben
schneiden. Direkt in die warme Sahne einlegen. Thymian zugeben und so
lange einkochen bis die Flüssigkeit
fast verkocht und die Topinambure
bissfest sind. Mit Salz und Cayennepfeffer würzen. Zitronensaft und Parmesan zugeben und ziehen lassen.
Den Thymian herausnehmen und kalt
stellen. 4 Metallringe mit Butter einstreichen und mit den Speckscheiben
auslegen.
Eine Birne schälen, den Kern ausstechen und ebenso dick schneiden. Nun
schichtweise Topinamburmasse und
Birnen in den Ring schichten. Bei
180 °C circa 10 Minuten backen. Aus
der Form stürzen.

4	mittelgroße Topinambure
150 ml	Sahne
1 Spritzer	Zitronensaft
1 EL	Parmesan
	Cayennepfeffer, Salz, Muskat
1	reife Birne
1 Spritzer	Zitronensaft
4 Scheiben	Bauchspeck, hauchdünn geschnitten
1	Thymianzweig

Bohnenpüree

▮ Die Bohnen für 6 Stunden in kaltem Wasser einweichen. Anschließend die Bohnen mit den Schalotten
leicht anschwitzen und mit Portwein,
Milch, Sahne und Geflügelfond aufgießen und weich kochen, bis die
Flüssigkeit fast vollständig verkocht
ist. Mit der Moulinette fein pürieren
und durch ein Sieb streichen. Mit
Salz, Pfeffer, Zitronensaft und Muskat
abschmecken. Die braune Butter dazugeben.

300 g	weiße Borlotti Bohnen
2	Schalotten, geschält und fein gewürfelt
5 cl	weißer Portwein
250 ml	Milch
250 ml	Sahne
100 ml	Geflügelfond
	Salz, Pfeffer aus der Mühle, Zitronensaft
1 Prise	Muskat
1 EL	braune Butter

Croustillion vom Kalbsbries

▌ Das gut gekühlte Kalbfleisch mit Salz und Pfeffer würzen. In der Moulinette fein mixen. Zuerst das Eiweiß, dann die Sahne zugeben und zu einer feinen Masse verarbeiten. Durch ein feines Sieb streichen. Den Trüffel in der Butter ansautieren, auskühlen lassen und unter die Masse heben. Das gezupfte Kalbsbries einarbeiten. Kleine Bällchen formen und kurz anfrieren lassen. In wenig angeschlagenem Eiweiß wenden und im Katafiteig einrollen. Im heißen Fett bei 150 °C goldgelb herausbacken.

40 g	Kalbfleisch
1	Eiweiß
2 EL	Sahne
½ EL	Butter
1 EL	Trüffel
90 g	Kalbsbries, gekocht und klein gezupft
1 Packung	Katafiteig
	Salz, Pfeffer aus der Mühle

Fenchelpüree

▌ Den Fenchel grob zerkleinert in Milch und Sahne weich kochen bis die Flüssigkeit fast vollständig verkocht ist. Mit der Moulinette fein pürieren und durch ein Sieb streichen. Mit Salz, Pfeffer, Zitronensaft und 1 Prise Muskat abschmecken. Mit Pernod parfümieren. Braune Butter zugeben.

300 g	Fenchel ohne Grün, gewaschen
200 ml	Milch
200 ml	Sahne
	Salz, Cayennepfeffer, Zitronensaft
1 Prise	Muskat
20 ml	Pernod
1 EL	braune Butter

Fülle für die Perlhuhnkeulen

▌ Für die Fülle die Schalotten und den Speck in einer Pfanne mit Butterschmalz ansautieren. Champignons zugeben und mit Sherry ablöschen. Den Knoblauch sowie die Petersilie und den Thymian zugeben. Mit Salz und Pfeffer abschmecken. Die Milch erhitzen und über die Weißbrotwürfel gießen. Zugedeckt 10 Minuten ziehen lassen. Die Leberwürfel in Olivenöl abbraten, auskühlen lassen. Das getränkte Weißbrot und das Eigelb locker unter die obige Masse heben. Zum Schluss vorsichtig die Perlhuhnleber unterheben. Mit Salz und Pfeffer würzen.

2	Schalotten, geschält und fein gewürfelt
2 EL	Bauchspeck, fein gewürfelt
2 EL	Butterschmalz
200 g	Champignons
200 ml	Sherry medium
½	Knoblauchzehe
2 EL	Petersilienjulienne
1 Msp.	gehackter Thymian
1	Leber vom Perlhuhn, in Würfel geschnitten, mehliert
80 g	Weißbrot vom Vortag, in Würfel geschnitten
140 ml	Milch
2	Eigelb
	Salz, Pfeffer aus der Mühle

Getrocknete Ofentomaten

▌ Die Tomaten in Salzwasser blanchieren und kalt abschrecken. Die Tomaten häuten, vierteln und entkernen. Ein Backblech mit Olivenöl bestreichen. Mit Salz, Pfeffer und Zucker bestreuen. Die Tomatenviertel darauflegen und nochmals würzen. Die Kräuter und den Knoblauch darüberstreuen. Mit dem Olivenöl beträufeln. Bei 50 °C circa 4 bis 5 Stunden trocknen. Mit Olivenöl bedeckt sind die Tomaten einige Wochen gekühlt haltbar.

10	vollreife Tomaten Olivenöl
	Salz und Pfeffer aus der Mühle, Zucker
je 4	Rosmarin-, Thymian- und Basilikumzweige
5	Knoblauchzehen, zerdrückt

Gnocchi

▌ Die Kartoffeln schälen, grob schneiden und in Salzwasser kochen, gut ausdampfen lassen. Durch eine Presse auf eine bemehlte Arbeitsfläche drücken. Alle anderen Zutaten einarbeiten. Den Teig zu einer Rolle formen und kleine Stücke herunterschneiden. Jedes einzelne Stück in der Handfläche mit einer Gabel abrollen. In leicht gesalzenem Wasser so lange kochen, bis sie an der Oberfläche schwimmen. Danach abschrecken und zum weiteren Gebrauch kalt stellen.

200 g	festkochende Kartoffeln
2 EL	Mehl
½ EL	Hartweizengrieß
	Salz
	Pfeffer aus der Mühle
2	Eigelb
1 Prise	Muskat

Grießknödel

▌ Milch und Butter aufkochen, Grieß zugeben und einkochen, bis die Flüssigkeit gänzlich einreduziert ist. In die abgekühlte Masse die Eier und die Brotwürfel einrühren und mit Salz, Pfeffer und Muskat abschmecken. Durch ein feines Sieb streichen und 2 Stunden abgedeckt im Kühlschrank ruhen lassen. Knödel formen und kochen.

125 ml	Milch
60 g	Butter
100 g	Grieß
75 g	Weißbrotwürfel ohne Rinde
1,5	Eier
	Salz, Pfeffer aus der Mühle, Muskat

Beilagen

Kalbskopfravioli

Den von der Terrine beiseite gestellten Kalbskopf und 30 Gramm von der zweiten Hälfte der Kalbszunge in feine Würfel schneiden. In wenig Olivenöl die Schalotten und den Speck goldgelb anrösten. Den Spinat, Kalbskopf zugeben und durchschwenken. Das Püree und den Liebstöckel sowie den Dijonsenf und den Champagneressig zugeben. Mit Salz und Pfeffer würzen. Alles gut vermengen und etwas abkühlen lassen. Den ausgerollten Nudelteig in 7 x 7 Zentimeter große Quadrate schneiden und mit Ei bestreichen. Die Fülle in die Mitte setzen und diagonal zusammenklappen. Die Ravioli in reichlich Salzwasser al dente kochen, etwa 3 Minuten.

100 g	gekochter Kalbskopf (Rezept Gelierter Kalbskopf auf Seite 48)
1	Schalotte, in feine Würfel geschnitten
20 g	Bauchspeck, in feine Würfel geschnitten
30 g	Blattspinat, gewaschen, klein gezupft
1 EL	Kartoffelpüree Nudelteig
½ EL	fein geschnittener Liebstöckel
½ TL	Dijonsenf
1 Spritzer	Champagneressig
	Olivenöl
	Salz und Pfeffer aus der Mühle
1	Ei zum Bestreichen

Kartoffelpüree

Kartoffeln waschen, schälen in reichlich Salzwasser weich kochen. Abgießen und durch die Kartoffelpresse drücken. Milch und Sahne aufkochen, die gepressten Kartoffeln in die Milch-Sahne-Mischung geben. Vom Herd nehmen. Die Butter zugeben und das Püree schnell glatt rühren. Mit Salz, Pfeffer und Muskat abschmecken.

400 g	mehlige Kartoffeln
60 ml	Milch
60 ml	Sahne
180 g	Butter
	Salz
	Pfeffer aus der Mühle
	Muskat

Knusperkümmel

Fondant und Glukosesirup bei mittlerer Hitze goldbraun kochen. Auf ein Butterpapier gießen und abkühlen. Grob zerbrechen und zusammen mit dem Schwarzbrot, dem Kümmel und dem Salz in der Moulinette sehr fein mixen. Eine Backmatte mit Trennspray einsprühen und das Pulver hauchdünn aufsieben. Bei 180 °C 2 bis 3 Minuten knusprig backen. Kalt werden lassen und Stücke herausbrechen. Bei Verwendung mit dem Bunsenbrenner abflämmen.

120 g	Fondant (beim Konditor erhältlich)
70 g	Glukose
75 g	getrocknetes Schwarzbrot
1	gestrichener Mokkalöffel gemahlener Kümmel
1 Prise	Salz

Koriander-Bratkartoffel-Gelee

Den Krustentierfond zusammen mit dem Noilly Prat und dem Portwein auf 100 Milliliter reduzieren, das Agar-Agar einrühren. Den Koriander zugeben, kurz mitziehen lassen. Mit Cayennepfeffer, Salz und Muskat würzen. Die geschälte Kartoffel in hauchdünne Scheiben schneiden, in Olivenöl knusprig und auf den Punkt braten. Die Scheiben auf ein mit Butterpapier ausgekleidetes Backblech auflegen, mit dem Krustentierfond bedecken und fest werden lassen. Rechtecke zuschneiden. Das Kartoffelpüree erwärmen und in eine rechteckige Form füllen. Die Form entfernen und das angewärmte Gelee darauf setzen.

1	mittelgroße, mehlige Kartoffel
1	Blattkorianderzweig Cayennepfeffer, Salz, Pfeffer, Muskat
200 ml	Krustentierfond
25 ml	Noilly Prat
25 ml	weißer Portwein
½ TL	Agar-Agar Kartoffelpüree

Kürbissavarin

Die Milch leicht erwärmen und die Hefe darin auflösen. Hefemilch mit dem Mehl vermengen. Eier, Salz, Muskat und Cayennepfeffer dazugeben, je zu einem glatten Teig verarbeiten. Abdecken, an einem warmen Platz 30 Minuten rasten lassen. Die temperierte Butter mit Zucker vermengen und in den Teig einarbeiten. Den Teig in einen Spritzbeutel füllen, in ausgebutterte Savarinformen füllen, wieder 30 Minuten zugedeckt ruhen lassen. Im 200 °C vorgeheizten Backofen ca. 10 Minuten goldbraun backen. Die Savarins aus den Formen stürzen und in der Kürbisstränke marinieren.

35 ml	Milch
7 g	Frischhefe
2	Eier
1 Prise	Salz
65 g	Butter
je 1 Prise	Muskat und Cayennepfeffer
15 g	Zucker
	Salz

Lauwarm gelierter Schafskäse „provençale"

Die Tomaten-Fisch-Essenz aufkochen und das Agar-Agar einrühren. Bis kurz vor dem Gelieren kalt stellen. Zucchini in Scheiben schneiden. Mit einem Ausstecher von 4,5 Zentimetern Durchmesser 16 Scheiben ausstechen, ebenso von den Tomaten

500 ml	Tomaten-Fisch-Essenz (Rezept Tomaten-Fisch-Essenz auf Seite 58)
2 ½ TL	Agar-Agar
12	große getrocknete Ofentomaten
1	große Zucchini
1	Rosmarinzweig
	Olivenöl
	Schafskäse, schnittfest

und vom Schafskäse. Die Zucchinischeiben in Olivenöl mit Rosmarin kurz anbraten und kalt werden lassen. Nun die Scheiben aufeinandersetzen.

Einen Ausstecher von 5 Zentimetern Durchmesser mit Tortenrandfolie auskleiden und über die Schafskäsetürmchen stülpen, damit auf allen Seiten gleich viel Abstand ist. Nun das leicht gelierte Tomatengelee um und über das Türmchen gießen. Zugedeckt 24 Stunden durchkühlen lassen. Danach die Formen und die Tortenrandfolie entfernen. Das Törtchen bei 70 °C Umluft circa 12 bis 15 Minuten erwärmen.

Mille-Feuille von Trüffel und Kartoffel

▌ Sahne aufkochen. Kartoffeln schälen und auf der Aufschnittmaschine in hauchdünne Scheiben schneiden. Direkt in die warme Sahne einlegen. Einen Thymianzweig zugeben und so lange einkochen, bis die Flüssigkeit fast verkocht und die Kartoffeln bissfest sind. Mit Salz und Cayennepfeffer würzen. Zitronensaft und Parmesan zugeben und ziehen lassen. Den Thymian herausnehmen und kalt stellen. Eine rechteckige Terrinenform mit Butter einstreichen. Den Trüffel ebenso in hauchdünne Scheiben schneiden. Nun schichtweise Kartoffelmasse und Trüffelscheiben in die Terrinenform schichten. Beschwert im Kühlschrank durchkühlen lassen. Bei 180 °C etwa 10 Minuten backen. Aus der Form stürzen. Rechtecke portionieren. Den Geflügelfond zusammen mit dem Sherry auf 100 Milliliter reduzieren und das Agar-Agar einrühren. Auf ein mit Butterpapier ausgelegtes Backblech gießen und fest werden lassen. Aus der Mille-Feuille Rechtecke zuschneiden und daraufsetzen. Bei 70 °C warm halten.

4	mittelgroße Kartoffeln, mehlig
150 ml	Sahne
1	Thymianzweig
1 Spritzer	Zitronensaft
1 EL	Parmesan
1 Spritzer	Zitronensaft
	Cayennepfeffer, Salz, Pfeffer, Muskat
60 g	Périgord-Trüffel
200 ml	Geflügelfond
50 ml	Sherry medium
½ TL	Agar-Agar

Nudelteig

▌ Alle Zutaten zu einem geschmeidigen Teig verarbeiten. Mit Frischhaltefolie abgedeckt 3 Stunden im Kühlschrank rasten lassen.

500 g	griffiges Mehl
4	Eigelb
4	Eier

Olivenkrokant

▌ Die Oliven mit Läuterzucker vermengen und bei 60 °C trocknen. Auskühlen lassen und klein schneiden.

5 EL	schwarze Oliven, geviertelt und entsteint
5 EL	Läuterzucker

Paprikapüree

▌ Den Paprika grob zerkleinert im Zucker karamellisieren. Den Estragon zugeben und mit dem Estragonessig ablöschen. Den Selleriefond und die Sahne auffüllen. Den Paprika weich kochen, bis die Flüssigkeit fast vollständig verkocht ist. Den Estragon entfernen, mit der Moulinette fein pürieren und durch ein Sieb streichen. Mit Salz, Pfeffer und Zitronensaft abschmecken. Die braune Butter dazugeben.

50 g	Zucker
300 g	roter Paprika, geschält und entkernt
2	Estragonzweige
4 cl	Estragonessig
150 ml	Selleriefond
50 ml	Sahne
	Salz, Pfeffer aus der Mühle, Zitronensaft
1 EL	braune Butter

Petersiliencreme

▌ Die Petersilienwurzel grob zerkleinert in Milch und Sahne weich kochen, bis die Flüssigkeit fast vollständig verkocht ist. Mit der Moulinette fein pürieren und durch ein Sieb streichen. Mit Salz, Pfeffer, Zitronensaft und einer Prise Muskat abschmecken. Braune Butter zugeben. Mit 1 Teelöffel Petersilienmatte einfärben.

300 g	Petersilienwurzel, gewaschen und geschält
200 ml	Milch
200 ml	Sahne
	Salz, Pfeffer aus der Mühle, Zitronensaft
1 Prise	Muskat
1 EL	braune Butter
1 TL	Petersilienmatte

Beilagen

Petersilienmatte

1 Bund	Blattpetersilie
500 ml	Geflügelfond
1 Prise	Salz und Cayennepfeffer
1 Spritzer	Zitronensaft

▌ Alle Zutaten zusammen in einem Mixer sehr fein mixen und durch ein Passiertuch gießen. So lange im Tuch lassen, bis nur mehr eine Creme vorhanden ist. Den aufgefangenen Saft für Saucen beiseitegeben.

Pflaumenfondue süß-sauer

2 EL	Akazienhonig
8	Pflaumen
500 ml	Schalotten-Essig-Fond
1 Spritzer	Zitronensaft
2	Thymianzweige
10 g	Schalotten, in feine Scheiben geschnitten
10 g	Zwiebeln, in Ringe geschnitten
10 g	Schinkenspeck
	Olivenöl
	Salz und Pfeffer aus der Mühle

▌ Die Pflaumen waschen und den Deckel beim Stielansatz entfernen. Den Kern mithilfe einer Zange herausdrehen. Den Honig leicht karamellisieren lassen und die Pflaumen mit der aufgeschnittenen Seite nach unten auf den Honigkaramell setzen. Mit dem Schalotten-Essig-Fond aufgießen. Den Zitronensaft und den Thymian zugeben und mit einer Alufolie luftdicht verschließen. Im Backofen bei 160 °C circa 10 bis 12 Minuten schmoren. Aus dem Fond nehmen, Thymian entfernen und noch warm schälen. 2 Pflaumen in Spalten schneiden. Den Fond auf die Hälfte einkochen und die Pflaumen darin erwärmen. Eventuell mit Salz und Pfeffer würzen. Die Spalten in die Pflaumenhälften mit dem Saft füllen. Die Zwiebelringe und den Speck in Olivenöl anbraten und über die Pflaumen geben.

Rotes Zwiebelkonfit

4	rote Zwiebeln, geschält und halbiert
je 2	Rosmarin- und Thymianzweige
1	Lorbeerblatt
4 cl	roter Portwein
4 cl	Rotwein
2 cl	alter Balsamico
50 g	Zucker
15 g	Butter
	Salz, Pfeffer aus der Mühle
	Olivenöl

▌ Ein Backblech mit Olivenöl einpinseln. Salz und Pfeffer darüberstreuen und die Zwiebeln mit der Schnittfläche nach unten auflegen. Die Kräuter darüber verteilen und mit Alufolie luftdicht verschließen. Im Backofen bei 160 °C circa 20 Minuten weich schmoren. Herausnehmen, Kräuter entfernen und die Zwiebeln fein hacken. In einem Topf den Zucker leicht karamellisieren. Die Zwiebeln zugeben und mit Portwein, Rotwein und Balsamico ablöschen. Den Schmorsaft vom Backblech durch ein Sieb zu den Zwiebeln geben. Die Zwiebeln sirupartig einkochen und mit Salz und Pfeffer würzen. Mit Butter verfeinern.

Safran-Fenchel-Cassoulet

2	Schalotten, geschält und fein gewürfelt
20 g	Champignons, geputzt und fein gewürfelt
1	Knoblauchzehe geschält und fein gewürfelt
2	Thymianzweige
200 g	Calamaretti, küchenfertig, in feine Streifen geschnitten
200 g	Couteaux (Meerscheide)
20 ml	Pernod
200 ml	Fischfond
1	Fenchelknolle mit Fenchelgrün
1 Msp.	Safranpulver
	Salz, Cayennepfeffer
	Limonensaft
	Olivenöl
40 g	Butter

▌ Die Schalotten zusammen mit den Champignons und der Knoblauchzehe in Olivenöl anschwitzen. Die Thymianzweige und Couteaux zugeben und kurz mitrösten. Mit Pernod ablöschen und dem Fischfond auffüllen. 5 Minuten ziehen lassen, die Calamaretti zugeben, dann nochmals 2 Minuten ziehen lassen. Mit Salz, Cayennepfeffer und Limonensaft abschmecken. Calamaretti und Couteaux herausnehmen. Letztere aus der Schale brechen und klein schneiden. Warm stellen. Den Sud passieren. Vom Fenchel 4 Scheiben herunterschneiden, den Rest in Streifen schneiden und zusammen mit dem Safranpulver im Muschelfond weich garen. Etwas Muschelfond für die Fülle vom Loup de mer beiseite geben. Den Rest vom Sud sämig einreduzieren und mit Butter leicht montieren. Die Fenchelstreifen mit den Couteaux und den Calamaretti vermengen und in die Schalen der Couteaux einfüllen. Eventuell nachwürzen.

Salzteig

140 g	Mehl
140 g	Salz
2	Eigelb
45 ml	Wasser

▌ Alle Zutaten vermengen, in eine Frischhaltefolie einschlagen und 10 Stunden rasten lassen. Danach je nach Rezept weiterverwenden.

Sauerampferflan Ergibt 4 Törtchen

▮ Den Geflügelfond aufkochen und vom Herd nehmen. Den Zucker und die passierte Gänseleber und die Farce kräftig einrühren. Mit Salz, Cayennepfeffer und einem Spritzer Zitronensaft marinieren. Den fein geschnittenen Sauerampfer in die Masse rühren und kalt stellen. Sauerrahm, Ei und Eigelb in die Masse einrühren. Auf ein mit Backpapier ausgelegtes Backblech ausgebutterte Metallringe mit einem Durchmesser von 5 Zentimetern setzen und mit den Sauerampferblättern auskleiden. Die Masse zu drei Viertel einfüllen. Bei 180 °C im vorgeheizten Backofen 9 bis 10 Minuten soufflieren lassen. Mit einem Messer herauslösen und sofort servieren.

50 ml	Geflügelfond
½ TL	Zucker
20 g	Gänseleberterrine
½ EL	Sauerrahm
20 g	Rahm
2 EL	Kalbfleischfarce
2 EL	Sauerampfer, blanchiert und in Streifen geschnitten
1	Ei
1	Eigelb
4	große Sauerampferblätter, blanchiert
	Salz, Cayennepfeffer
1 Spritzer	Zitronensaft

Schwarzwurzel-Papardelle

▮ 250 Gramm Schwarzwurzeln grob zerkleinert in Milch und Sahne weich kochen, bis die Flüssigkeit fast vollständig verkocht ist. Mit der Moulinette fein pürieren und durch ein Sieb streichen. Mit Salz, Pfeffer, Zitronensaft und einer Prise Muskat abschmecken. Die restlichen Schwarzwurzeln in feine Stifte schneiden und in wenig Milch bissfest kochen, abschrecken. Den Selleriefond zusammen mit der Butter zur Hälfte einkochen und leicht salzen. Schwarzwurzelstifte und Erbsen darin erwärmen. Mit Petersilienstreifen bestreuen. Den Nudelteig ausrollen und im Ganzen blanchieren und abschrecken. Trocken tupfen und mit dem Püree dünn bestreichen und eng einrollen. In Frischhaltefolie straff eindrehen und kalt stellen. Wieder auspacken und in 4 gleichmäßige Stücke schneiden, circa 4 Zentimeter Durchmesser und 4 Zentimeter Höhe. Mit brauner Butter beträufeln und mit Parmesan bestreuen. In etwas Selleriefond im Backofen bei 200 °C etwa 8 Minuten erwärmen.

300 g	Schwarzwurzeln, gewaschen, geschält
200 ml	Milch
200 ml	Sahne
	Salz, Pfeffer aus der Mühle, Zitronensaft
1 Prise	Muskat
1 EL	braune Butter
150 g	Nudelteig
20 g	gehobelter Parmesan
2 EL	frische Erbsen, blanchiert und geschält
100 ml	Selleriefond
20 g	Butter
½ TL	feine Petersilienstreifen

Selleriepüree

▮ Den Sellerie grob zerkleinert in Milch und Sahne weich kochen, bis die Flüssigkeit fast vollständig verkocht ist. Mit der Moulinette fein pürieren und durch ein Sieb streichen. Mit Salz, Pfeffer, Zitronensaft und einer Prise Muskat abschmecken. Braune Butter zugeben.

300 g	Sellerie, gewaschen, geschält
200 ml	Milch
200 ml	Sahne
	Salz, Pfeffer aus der Mühle, Zitronensaft
1 Prise	Muskat
1 EL	braune Butter

Spargelpüree

▮ Den Spargel grob zerkleinert in Milch und Sahne weich kochen bis die Flüssigkeit fast vollständig verkocht ist. Mit der Moulinette fein pürieren und durch ein Sieb streichen. Mit Salz, Pfeffer, Zitronensaft und eine Prise Muskat abschmecken. Etwas braune Butter hineingeben.

300 g	weißer Spargel, gewaschen, geschält
150 ml	Milch
150 ml	Sahne
	Salz, Pfeffer aus der Mühle, Zitronensaft
1 Prise	Muskat
1 EL	braune Butter

Steinpilz-Mille-Feuille

▮ Die Steinpilze in dünne Scheiben schneiden und zusammen mit den Schalotten und dem Rosmarin in Olivenöl anbraten. Die Tomaten und den Basilikum zugeben. Balsamico und Geflügelfond zugeben und kurz aufkochen lassen. Mit Salz, Pfeffer und Zitronensaft würzen. Den Rosmarin entfernen.
Die Steinpilze zusammen mit den Tomaten und Schalotten zu einem Türmchen anrichten. Die Sauce darüber- und darum herumgießen.

4	mittelgroße Steinpilze
1 EL	Tomatenconcassé
1 TL	Schalotten, fein gehackt
1 TL	fein geschnittener Basilikum
1	Rosmarinzweig
1 Spritzer	alter Balsamico
60 ml	Geflügelfond
	Salz, Pfeffer aus der Mühle, Zitronensaft
1 EL	braune Butter
	Olivenöl

Basilikumgelee

▌ Alle Zutaten bis auf die Gelatine in der Moulinette sehr fein mixen und durch ein Sieb gießen. Diesen Fond leicht erwärmen und die eingeweichte, gut ausgedrückte Gelatine darin erwärmen. Mit Salz und Pfeffer würzen. In ein Gefäß 3 Zentimeter hoch einfüllen und 24 Stunden durchkühlen lassen. Danach mit einem Parisienne-Ausstecher Kugeln formen.

⅛ l	Geflügelfond
⅛ l	Fischfond
2 kleine	Basilikumzweige
1 TL	Pinienkerne, leicht angeröstet
1 TL	Parmesan
	Salz, weißer Pfeffer aus der Mühle
1,5 Blatt	Gelatine

Gänseleberterrine

▌ Von der Gänsestopfleber die Haut abziehen, halbieren und die blutigen Adern mit einer Pinzette entfernen. In grobe Stücke zerteilen und mit den Gewürzen und dem Alkohol einmarinieren. 1 bis 2 Tage im Kühlschrank ziehen lassen. Eine Terrinenform mit Frischhaltefolie auskleiden und die marinierte Gänseleber hineinpressen. Mit Alufolie abdecken. Im 60 °C heißen Wasserbad im vorgeheizten Backofen circa 45 Minuten pochieren. Mindestens 1 Tag kalt stellen. Je nach Bedarf weiterverarbeiten.

Anstatt der Gänsestopfleber kann auch Entenstopfleber verwendet werden.

500 g	Gänsestopfleber
5 cl	weißer Portwein
4 cl	Cognac
4 cl	Madeira
3 g	Pökelsalz
1 Msp.	Pastetengewürzsalz
1 Prise	Zucker
1 TL	weißer Pfeffer aus der Mühle

Gänseleber-Crème-brûlée

▌ Die Gänseleberterrine zusammen mit dem warmen Geflügelfond, der Süßweinreduktion, Ei und Eigelb mit dem Mixstab fein pürieren. Die Sahne unterheben und durch ein feines Sieb passieren. Eventuell noch Salz hinzufügen. Eine Terrinenform mit einer feuerfesten Folie auskleiden. Die Gänselebermasse einfüllen, sie sollte etwa 1,5 Zentimeter hoch sein. Im Wasserbad bei 90 °C im Backofen circa 40 Minuten pochieren. Danach eine Stunde kalt stellen. Die Crème mit einem Ausstecher von 4 Zentimetern Durchmesser ausstechen und mit braunem Rohrzucker bestreuen, mit einem Bunsenbrenner karamellisieren. Den Rand in feinen Trüffelstreifen durchziehen.

70 g	Gänseleberterrine
40 ml	Geflügelfond
30 ml	Süßweinreduktion
1	Ei
1	Eigelb
60 ml	Sahne
	Salz
	brauner Rohrzucker zum Bestreuen
1 TL	Trüffel, in feine Streifen geschnitten

Guacamole

▌ Die Avocado schälen und halbieren. 4 etwa zentimetergroße Würfel schneiden, den Rest in feine Würfel schneiden. Die größeren Würfel in den Prosciutto einschlagen und in Olivenöl anbraten. Die kleinen Avocadowürfel mit den restlichen Zutaten vermengen und mit Salz und Pfeffer würzen.

½	reife Avocado
½ EL	fein geschnittene Korianderblätter
1 EL	Limonenöl
½ EL	Olivenöl
1 Msp.	Meauxsenf
1 Spritzer	Estragonessig
2	halbierte Scheiben Prosciutto
	Zucker, Salz, weißer Pfeffer aus der Mühle

Hummertramezzini

▌ Den Krustentierfond auf 50 Milliliter reduzieren und mit der Butter montieren. Die Scheren, Gelenke und den halben Schwanz vom Hummer klein würfeln und mit dem Fond vermengen. Sauerrahm, Basilikum und die Gemüsewürfel zugeben und mit Salz, Cayennepfeffer und dem Balsamico abschmecken. Vom Tramezzini dünne Scheiben herunter schneiden und in Olivenöl beidseitig abbraten. Das Tatar auf 8 Scheiben verteilen und jeweils 2 Scheiben aufeinander setzen. Die restliche Hälfte des Hummers in Scheiben schneiden. Mit Limonenöl, Salz und Pfeffer würzen, leicht erwärmen und zum Tramezzini reichen. Einige Basilikumblätter darüber streuen.

100 ml	Krustentierfond
20 g	Butter
1	Bretonischer Hummer à 500 g (vorbereitet wie im Rezept Lauwarmer Bretonischer Hummer im Zitronengras-Apfel-Sud auf Seite 70)
1 Scheibe	Tramezzini
1 TL	Sauerrahm
1 TL	Basilikum
1 EL	feine Gemüsewürfel (Sellerie, Lauch, Karotte), blanchiert
	Fleur de sel, Cayennepfeffer
1 Spritzer	weißer Balsamico
	Olivenöl
1 EL	Limonenöl
	Basilikumblätter für die Garnitur

Kaninchensulze

▌ Von der geschmorten Kaninchenkeule das Fleisch herunterlösen und in Würfel schneiden. Den Sherry auf die Hälfte reduzieren und mit dem Geflügelfond auffüllen. Auf 200 Milliliter reduzieren lassen und das Agar-Agar einrühren. Aufkochen lassen und den Sherryessig hinzufügen. Mit Salz und Pfeffer würzen. Überkühlen und den Fond mit dem Kaninchenfleisch, Gemüse und Koriander vermengen. In beliebige Formen füllen und 24 Stunden durchkühlen lassen. Bei Gebrauch stürzen und im Backofen bei 70 °C erwärmen.

1	Kaninchenkeule (geschmort wie im Rezept Kaninchen und Wildkaninchen auf Seite 50)
50 ml	Sherry medium
300 ml	Geflügelfond
1 TL	Agar-Agar
1 Spritzer	Sherryessig
2 EL	Gemüsewürfel (Lauch, Sellerie, Karotten), blanchiert
1 TL	Korianderblätter, fein geschnitten
	Salz, weißer Pfeffer aus der Mühle

Perlzwiebeln in PX-Reduktion

▌ Den PX-Sherry zusammen mit den Perlzwiebeln in einer Kasserolle zur Hälfte reduzieren. Den Thymian zugeben und mit dem Geflügelfond aufgießen. Mit Alufolie luftdicht verschließen und ca. 20 Minuten bei 150 °C im Backofen weich schmoren. Mit Salz und Pfeffer würzen.

200 ml	PX-Sherry
8	mittelgroße Perlzwiebeln, geschält
1	Thymianzweig
200 ml	Geflügelfond
	Salz und Pfeffer

Zum Räuchern (Fisch)

▌ Alle Räucherzutaten vermengen, im Räucherofen erhitzen, bis dichter Rauch entsteht.

2 EL	Buchenholzmehl
1	Sternanis
1 TL	Anis
1 TL	zerdrückte Senfkörner
2 frische	Estragonzweige

Zum Räuchern (Lamm)

▌ Alle Räucherzutaten vermengen, im Räucherofen erhitzen bis dichter Rauch entsteht.

2 EL	Buchenholzmehl
je 1	Rosmarin- und Thymianzweig
2	Lorbeerblätter
5	Wacholderbeeren
2	Nelken
¼	Zimtstange
1 TL	Senfkörner

Rote-Rüben-Estragon-Gelee

▌ Champignons und Schalotten in Olivenöl farblos anschwitzen. Mit dem Rote-Rübensaft, dem Geflügelfond sowie dem Fischfond aufgießen. Den frischen Estragon dazugeben, einmal aufkochen lassen und anschließend bei kleiner Hitze ziehen lassen. Mit Salz, Pfeffer, Zucker und Cayennepfeffer abschmecken und anschließend durch ein feines Sieb passieren. Gelatine in kaltem Wasser einweichen, gut ausdrücken und in der noch warmen Flüssigkeit auflösen. Die Rübenwürfel sowie den gehackten Estragon unterrühren und kalt stellen. Vor dem Gelieren in eine mit Folie ausgekleidete, rechteckige Form gießen und kalt stellen.

	Olivenöl
50 g	Champignons, klein geschnitten
50 g	Schalotten, geschält und klein geschnitten
100 ml	frischer Rote-Rübensaft
25 ml	Fischfond
25 ml	Geflügelfond
1	frischer Estragonzweig
	Salz, Pfeffer, Zucker, Cayennepfeffer
1 TL	gehackter, frischer Estragon
2 EL	fein geschnittene Würfel von einer gekochten Roten Rübe
1,5 Blatt	Gelatine

Vorspeisen

Stockfisch-Brandade

▌ Das Stockfischfilet circa 18 Stunden wässern. Die Milch mit dem Knoblauch und dem Thymian aufkochen und den Stockfisch 20 Minuten darin ziehen lassen. Den Knoblauch und Thymian entfernen und den Stockfisch mit einem Mixstab fein pürieren. Anschließend durch ein feines Sieb passieren. Die Kartoffeln kochen, schälen und durch ein Sieb in die aufgekochte Sahne drücken. Das Stockfischpüree zugeben, kurz aufkochen, bis die Masse dickflüssig wird und mit Salz, Cayennepfeffer und Zitronensaft würzen.

80 g	Stockfischfilet, küchenfertig
110 ml	Milch
½	Knoblauchzehe, leicht angedrückt
2	Thymianzweige
240 g	mehlige Kartoffel
200 ml	Sahne
	Salz, Cayennepfeffer, Zitronensaft
15 g	Butter

Williams-Christ-Birnen-chutney

▌ Zucker in einem Topf karamellisieren. Birnenwürfel und den Honig zugeben. Mit Portwein, Birnensaft und Champagneressig ablöschen. Currykraut, Curry und Limonensaft zugeben, etwas reduzieren lassen. Mit Salz und Pfeffer würzen. Den Prosciutto anschwitzen und unter das Chutney mengen. Bis zur Weiterverarbeitung kalt stellen.

50 g	Zucker
2	Williams-Christ-Birnen, geschält, entkernt und in feine Würfel geschnitten
1 TL	Honig
50 ml	weißer Portwein
200 ml	frisch gepresster Birnensaft
1 TL	Champagneressig
1	Currykrautzweig
1 Msp.	Curry
1 Spritzer	Limonensaft
	Salz und Pfeffer aus der Mühle
1 TL	fein geschnittener Prosciutto

Desserts

Ananastränke

▌ Den Zucker leicht karamellisieren. Mit Ananassaft und Rum ablöschen, Kaffeebohnen, Sternanis und Zimtstange zugeben und auf die Hälfte reduzieren lassen. Die Speisestärke mit Creme de Cacao anrühren und den Ananasfond damit abbinden. Durch ein feines Sieb passieren. Auskühlen lassen. Chili und Estragon in den Fond einrühren.

30 g	Zucker
400 ml	frischer Ananassaft
2 cl	weißer Rum
4	Kaffeebohnen, zerstoßen
2	Sternanis
¼	Zimtstange
2 cl	Creme de Cacao, weiß
2 TL	Speisestärke
100 g	gesiebtes Weizenmehl
1 Msp.	Chili
1 TL	Estragonblätter, fein geschnitten

Apfelchips
(auch für festfleischige Obst- oder auch Gemüsesorten)

▌ Den Apfel hauchdünn auf einer Aufschnittmaschine schneiden. In einem Vakuumbeutel nebeneinander legen. Zusammen mit dem Läuterzucker und dem Zitronensaft vakuumieren. In kochendem Wasser 2 Minuten garen und sofort in Eiswasser abschrecken. Aus dem Vakuumbeutel nehmen und auf ein Backpapier legen. Bei 50 °C circa 3 bis 4 Stunden trocknen lassen. Des Öfteren wenden. Trocken aufbewahren.

1	Apfel (Granny Smith)
200 ml	Läuterzucker
	Saft von
½	Zitrone

Beignetmasse

▌ Mehl, Salz, Zucker und Traubenkernöl vermengen. Eigelb unterrühren. Weißwein und den Grand Marnier zugeben. Zu einem glatten Teig verarbeiten. Eiweiß steif schlagen und vorsichtig unterheben.

45 g	Mehl
1 Prise	Salz
9 g	Zucker
10 ml	Traubenkernöl
1	Eigelb
40 ml	Weißwein
10 ml	Grand Marnier
1	Eiweiß

Biskuitteig für Biskuitboden

▌ 70 Gramm Zucker, Mandelgrieß, ein Eiweiß und die Eigelbe schaumig rühren. 135 Gramm Eiweiß mit dem restlichen Zucker zu steifem Schnee schlagen. Das Mehl sieben und unter die schaumige Masse mischen, dann den Eischnee unterheben. Den Teig 3 Milliliter dünn auf ein Backpapier streichen und im Backofen bei 200 °C etwa 4 Minuten backen.

120 g	Zucker
70 g	Mandelgrieß
1	Eiweiß
3	Eigelb
135 g	Eiweiß
60 g	Mehl

Butterteig

300 g	Butter
110 g	Mehl

▮ Mehl und Butter verkneten, abgedeckt 2 Stunden kalt stellen.

Mehlteig

40 ml	Wasser
10 g	Salz
70 g	Butter
80 ml	eiskaltes Wasser
270 g	Mehl

▮ Das Wasser in einem Topf mit Salz und Butter aufkochen. Abkühlen lassen und mit dem eiskalten Wasser und dem Mehl zu einem geschmeidigen Teig kneten. Zugedeckt 2 Stunden kühlen.

Blätterteig

Mehlteig
Butterteig

▮ Mehlteig auf einer bemehlten Fläche rund ausrollen. Aus dem Butterteig ein Quadrat formen und mittig auf den Mehlteig legen. Den Mehlteigrand über das Quadrat schlagen. Diesen Teig zu einem Rechteck etwa 1 Zentimeter dick ausrollen. Teigrechteck von links und rechts zur Mitte einschlagen und mit einem Nudelholz leicht andrücken. 40 Minuten kalt stellen. Teig zu einem Rechteck ausrollen und nochmals von links und rechts zur Mitte einschlagen. Diesen Vorgang nochmals wiederholen. Den Teig mit dem Nudelholz leicht andrücken und 40 Minuten kalt stellen. Bis zur Weiterverarbeitung kalt stellen.

Fruchtcoulis

100 g	Erdbeeren, Walderdbeeren oder Himbeeren
20 g	Zucker
1 TL	Zitronensaft

▮ Alle Zutaten im Mixer pürieren und durch ein feines Sieb passieren. Kalt stellen.

Ganache (natur)

60 ml	Sahne
12 g	Butter
260 g	Zartbitterschokolade

▮ Sahne und Butter aufkochen, die temperierte Schokolade hineingeben. Die Masse glatt rühren und auf ein mit Klarsichtfolie ausgekleidetes Blech eingießen. Auskühlen lassen.

Getrocknete Zitrusscheiben

1 Zitrone, Orange, Grapefruit etc.
Staubzucker

▮ Zitrusfrucht hauchdünn mit einer Aufschnittmaschine schneiden. Ein Backpapier mit Staubzucker bestreuen, die Fruchtscheiben darauflegen und nochmals mit Staubzucker bestreuen. Im Backofen bei 50 °C trocknen lassen. Des Öfteren wenden. Trocken aufbewahren.

Granatapfelfond

4	Granatäpfel
500 ml	frisch gepresster Apfelsaft
½	Vanillestange
¼	Zimtstange
2 cl	Calvados
2 cl	Grenadine

▮ Die Granatäpfel halbieren und die Kerne herauslösen. Den Apfelsaft mit den Granatapfelkernen zum Kochen bringen. Vanilleschote, Zimtstange, Calvados und Grenadine hinzufügen. Um ein Drittel einkochen lassen und durch ein Sieb gießen.

Granatapfelgelee

½ TL	Agar-Agar
200 ml	Granatapfelfond

▮ 200 ml Granatapfelfond aufkochen und das Agar-Agar einrühren. Auf ein mit Frischhaltefolie ausgekleidetes Blech hauchdünn gießen und kalt werden lassen. Mit einem Ausstecher von 5 Zentimetern Durchmesser ausstechen.

Läuterzucker

1 kg	Wasser
1 kg	Zucker

▮ Alles zusammen aufkochen und glatt rühren.

Desserts

Mangokrokant

1	Flugmango
2 EL	Läuterzucker

▌ Die Mango schälen und auf der Aufschnittmaschine links und rechts vom Kern der Frucht hauchdünne Scheiben schneiden. Diese mit Läuterzucker bepinseln und bei 60 °C im Backofen trocknen lassen. Danach in feine Würfel schneiden.

Orangen-Thymian-Cookie

50 g	Butter
55 g	Staubzucker
40 g	brauner Rohrzucker
1 Prise	Salz
20 g	Thymianblätter, abgezupft
	Abrieb von ½ Orange
10 g	Haselnüsse, gehackt
110 g	Mehl
2 g	Backpulver

▌ Alle Zutaten gut vermengen und zwischen 2 Backmatten 2 Millimeter dünn ausrollen. Den Teig in Rechtecke von 6 x 3 Zentimetern schneiden und bei 180 °C im Backofen circa 14 Minuten backen. Die Cookies noch im warmen Zustand auseinanderbrechen.

Rosenblütenöl

200 ml	Traubenkernöl
5	duftende Rosen

▌ Die Rosenblüten abzupfen. Das Traubenkernöl auf 60 °C erhitzen. Die Rosenblüten zugeben und im Mörser leicht andrücken. Bei Zimmertemperatur 3 bis 4 Tage ziehen lassen.

Schokoladen-Backmasse

20 g	Butter
100 ml	Champagner
1	Ei
20 g	Zucker
1 Prise	Salz
130 g	Mehl
20 g	dunkles Kakaopulver

▌ Die Butter zergehen lassen und alle Zutaten einarbeiten und kalt stellen.

Schokoladenmürbeteig

55 g	Staubzucker
35 g	Butter
1 Prise	Salz
15 g	fein geriebene Walnüsse
1	Ei
95 g	Mehl
8 g	Kakaopulver, dunkel
	Mark einer ½ Vanilleschote

▌ Gesiebten Staubzucker und Butter schaumig rühren. Nacheinander alle restlichen Zutaten zufügen und gut vermengen. Den Teig mindestens 2 Stunden kalt stellen. Den Teig 2 Millimeter dünn ausrollen und 4 Kreise mit 10 Zentimetern Durchmesser ausstechen, Tarteformen damit auslegen. Am Boden mit einer Gabel Löcher hineinstupfen und bei 180 °C etwa 8 bis 10 Minuten blind backen.

Schokoladennudelteig

400 g	Mehl
5	Eigelb
5 TL	Kakaopulver
2 TL	Grieß

▌ Alle Zutaten zu einem geschmeidigen Teig verarbeiten. Mit Frischhaltefolie abgedeckt 3 Stunden im Kühlschrank rasten lassen. Dann je nach Rezept weiterverarbeiten.

Strudelteig

100 g	glattes Mehl
1 EL	Sonnenblumenöl
1 Prise	Salz
	Olivenöl zum Bepinseln

▌ Das Mehl auf eine Arbeitsfläche sieben und eine Vertiefung hinein drücken. Öl und Salz in die Vertiefung geben und das Ganze mit 3 Esslöffel Wasser zu einem geschmeidigen Teig verarbeiten. Den Teig zu einer Kugel formen, mit Öl bepinseln und 30 Minuten mit Klarsichtfolie abgedeckt ruhen lassen. Auf einem mit Mehl bestäubten Tuch sehr dünn ausrollen.

Tamarillo-Gewürz-Tasche

1	Ei
1	Eigelb
200 g	ausgedrückter Topfen
10 g	Grieß
1 EL	Zucker
	ein wenig Orangenabrieb
½ TL	gemahlenen Sternanis und Nelken
60 g	Briochebrösel

▌ Für den Teig Ei, Eigelb, Zucker schaumig rühren. Die übrigen Zutaten einarbeiten und den Teig abgedeckt 3 Stunden kühl stellen.
Für die Fülle das Fruchtfleisch mit den anderen Zutaten vermengen. Den Teig vorsichtig ausrollen, 4 Kreise ausstechen und mit der Fülle belegen. Die Teigränder mit Ei bestreichen und zu Taschen zusammenklappen und festdrücken. Im gesüßten Wasser circa 6 Minuten ziehen lassen. In gerösteten Briochebröseln wenden. Mit Staubzucker bestreuen.

Fülle für die Tamarillo-Gewürz-Tasche

1 EL	klein geschnittenes Tamarillofruchtfleisch
10 g	Zucker
70 g	weiße Schokolade, fein gerieben
20 g	Briochebrösel, mit Butter angeröstet
200 g	Briochebrösel, mit Butter angeröstet, zum Wenden
	Staubzucker zum Bestreuen

Topfenknödel

▌ Die Butter schaumig schlagen. Eigelb und Ei unterrühren. Vanillemark,
Zitronen- und Orangensaft sowie die
Zesten unterheben. Topfen und Brotwürfel unterheben. Brioche in der
Butter anrösten und mit dem Zucker
ablöschen. Wasser mit Zucker und einer Orangenschale zum Kochen bringen und die Knödel 3 Minuten ziehen
lassen. Herausnehmen und mit der
Briocheschmelze überziehen.

30 g	Butter
1	Eigelb
1	Ei
	Mark von einer
½	Vanilleschote
30 g	Zucker
	Saft einer
½	Orange und Zitrone
	abgeriebene Schale von
½	Zitrone
200 g	Topfen, ausgedrückt
90 g	Weißbrotwürfel, ohne Rinde
30 g	Brioche, fein gerieben
½ EL	Zucker
	etwas Butter

Trüffelkrokant

▌ Die Trüffelknollen mit dem Trüffelhobel in 2 Millimeter dünne Scheiben
schneiden. Diese mit Läuterzucker
bepinseln und bei 60 °C im Backofen
trocknen lassen. Danach in feine
Würfel schneiden.

50 g	Périgord-Trüffel
2 EL	Läuterzucker

Weiße Schokoladensauce

▌ Sahne aufkochen, auf die Eier gießen und gut verrühren. Das Vanillemark einrühren und alles zusammen
bei geringer Hitze bis zur Rose abziehen. Schokolade zerkleinern und in
der warmen Eimasse auflösen. Creme
de Cacao zugeben und glatt rühren.
Durch ein Sieb gießen. Abkühlen
lassen.

400 g	Sahne
6	Eigelb
½	ausgekratzte Vanilleschote
240 g	weiße Schokolade
2 cl	Creme de Cacao, weiß

Ananas-Estragon-Granité

▌ Die Ananas schälen und entsaften.
Den Saft aufkochen, den Estragonzweig, den Estragonessig sowie den
Sternanis zugeben. 15 Minuten ziehen lassen. Durch ein Sieb gießen
und in einer Schüssel in den Tiefkühlschrank geben. Anfrieren lassen und
immer wieder mit einer Gabel durchrühren, bis die Flüssigkeit komplett
gefroren ist und kleine Eiskristalle
entstanden sind.

2	Babyananas
1	Estragonzweig
1 Schuss	Estragonessig
1	Sternanis

Bananensorbet

▌ Alle Zutaten miteinander vermengen, mixen und durch ein Sieb passieren. In einer Eismaschine cremig
frieren.

1 kg	vollreife Bananen, geschält
90 g	feiner Zucker
110 ml	Zitronensaft
90 g	Stabilisator

Beerenauslese-Eis

▌ Sahne aufkochen. Zucker und Eigelb schaumig aufschlagen. Heiße
Sahne darübergießen, glatt rühren
und zur Rose abziehen. Die temperierte Schokolade sowie das Vanillemark unterrühren. Zum Schluss die
Beerenauslese einrühren. Auskühlen
lassen und in einer Eismaschine cremig frieren.

150 ml	Sahne
40 g	weiße Schokolade
	Mark einer ausgekratzten Vanilleschote
40 g	Kristallzucker
4	Eigelb
180 ml	Beerenauslese

Eis und Sorbets

Estragon-Sauerrahm-Sorbet

▌ Den Zucker hell karamellisieren. Mit Balsamico und Estragonessig ablöschen und bis auf 100 Milliliter sirupartig einkochen. Auskühlen lassen und den Sirup mit den Estragonblättern in der Moulinette sehr fein mixen. Eventuell durch ein Sieb passieren. Den Sauerrahm glatt rühren, die Estragonreduktion zugeben und gut verrühren. Mit Salz, Cayennepfeffer und Zitronensaft pikant abschmecken. In einer Eismaschine cremig frieren.

50 g	Zucker
500 ml	weißer Balsamico
100 ml	Estragonessig
1	kleines Bund Estragon, Blätter abgezupft
400 g	Sauerrahm
1 Spritzer	Zitronensaft
	Salz, Cayennepfeffer

Fromage-Blanc-Eis

▌ Die Milch und Sahne aufkochen. Das Vanillemark zugeben und 1 Stunde ziehen lassen. Zucker und Eigelb weißschaumig aufschlagen. Die Sahne-Milch-Mischung nochmals aufkochen und mit dem Eischaum zur Rose abziehen. Den Frischkäse und das Coulis einrühren und auskühlen lassen. In einer Eismaschine cremig frieren.

250 ml	Milch
125 ml	Sahne
125 ml	Frischkäse (Brillant Savarin)
3 EL	Erdbeercoulis
	Mark von ½ Vanilleschote
30 g	Kristallzucker
4	Eigelb

Himbeergranité

▌ Die Himbeeren entsaften. Den Fruchtsaft mit dem Himbeergeist, dem Weißwein und dem Zucker aufkochen. Den Zitronenthymianzweig, den Himbeeressig sowie die Nelke zugeben. 15 Minuten ziehen lassen. Durch ein Sieb gießen und in einer Schüssel in den Tiefkühlschrank geben. Anfrieren lassen und immer wieder mit einer Gabel durchrühren, bis die Flüssigkeit komplett gefroren ist und kleine Eiskristalle entstanden sind.

500 g	Himbeeren
2 cl	Himbeergeist
30 ml	Weißwein
30 g	Zucker
1	Zitronenthymianzweig
1 Schuss	Himbeeressig
1	Nelke

Mandarinensorbet

▌ Den Mandarinensaft zusammen mit dem Zucker, der Vanilleschote und dem Lavendelzweig aufkochen lassen und 30 Minuten ziehen lassen. Durch ein feines Sieb gießen. Den Zitronensaft, die Glukose und die eingeweichte, ausgedrückte Gelatine einrühren. Überkühlen lassen, die Mandarinenschale und den Rum zugeben, in einer Eismaschine cremig frieren.

	Saft von
10	Mandarinen
50 g	Zucker
½	Vanilleschote
1 kleiner	Lavendelzweig
	Saft von ½ Zitrone
60 ml	Glukose
1 Blatt	Gelatine
	geriebene Schale von
5	Mandarinen, blanchiert
5 cl	weißer Rum

Marillensorbet

▌ Das Marillenfruchtfleisch klein schneiden und mit dem Limettensaft marinieren. Zucker in einem Topf goldgelb karamellisieren und die marinierten Marillenstücke zugeben. Mit Marillenlikör ablöschen. Das Vanillemark zugeben. Leicht köcheln lassen, bis sich der Karamell vollständig aufgelöst hat. Den Sud fein pürieren und auskühlen lassen. In einer Eismaschine cremig frieren.

400 g	Marillenfruchtfleisch (vorzugsweise Marillen aus der Wachau)
1 EL	Limettensaft
100 g	Zucker
100 ml	Marillenlikör
	Mark von ½ Vanilleschote

Piña-Colada-Eis

▌ Sahne, Ananassaft und Kokosmilch aufkochen. Zucker und Eigelb schaumig aufschlagen. Heiße Kokosmilch darübergießen, glatt rühren und zur Rose abziehen. Kokosflocken, Batida de Coco und Rum einrühren. Auskühlen lassen und in einer Eismaschine cremig frieren.

200 ml	Sahne
100 ml	Ananassaft
100 ml	Kokosmilch
5 cl	Batida de Coco
5 cl	weißer Rum
20 g	frisch geriebene Kokosflocken
30 g	Kristallzucker
4	Eigelb

Rhabarber-Honig-Sorbet

▌ Den Rhabarber klein schneiden. Zucker in einem Topf goldgelb karamellisieren und die Rhabarberstücke und Himbeeren zugeben. Mit Weißwein ablöschen. Leicht köcheln lassen, bis sich der Karamell vollständig aufgelöst hat. Den Honig zugeben. Den Sud fein pürieren und auskühlen lassen. In einer Eismaschine cremig frieren.

400 g	Rhabarber, geschält
100 g	Himbeeren
140 g	Zucker
6 cl	Weißwein
3 EL	Honig

Mokkaeis

▌ Milch und Sahne aufkochen, die Kaffeebohnen und das Vanillemark eine Dreiviertelstunde darin ziehen lassen. Durch ein Sieb passieren. Zucker und Eigelb schaumig aufschlagen, mit der Mokkasahne verrühren und zur Rose abziehen. Mit Creme de Cacao parfümieren und auskühlen lassen. In einer Eismaschine cremig frieren.

250 ml	Sahne
250 ml	Milch
2 EL	zerstoßene Kaffeebohnen
	Mark von ½ Vanilleschote
90 g	Zucker
4	Eigelb
4 cl	Creme de Cacao, braun

Orangen-Thymian-Eis

▌ Sahne und Orangensaft aufkochen und die Thymianzweige zugeben. 15 Minuten ziehen lassen. Durch ein Sieb gießen. Zucker und Eigelb schaumig aufschlagen und in die warme Orangen-Sahne-Mischung einrühren. Zur Rose abziehen, erkalten lassen und den Orangenabrieb zugeben. In einer Eismaschine cremig frieren.

250 ml	Sahne
250 ml	frisch gepresster
	Orangensaft
5	Thymianzweige
	geriebene Schale von
1	Orange
90 g	Zucker
4	Eigelb

Passionsfruchtsorbet

▌ Den Passionsfruchtsaft zusammen mit dem Zucker und dem Honig aufkochen. Die Glukose einrühren. Überkühlen lassen, den Rum zugeben, in einer Eismaschine cremig frieren.

500 ml	frischer
	Passionsfruchtsaft
100 g	feiner Zucker
1 EL	Honig
62 ml	Glukose
5 cl	weißer Rum

Safran-Sorbet

▌ Die vollreifen Äpfel schälen und in kleine Stücke schneiden. Diese mit allen Zutaten außer dem Champagner aufkochen und 10 Minuten ziehen lassen. Nun den Safran-Apfel-Sud fein pürieren und auskühlen lassen. Den Champagner hineingeben und in einer Eismaschine cremig frieren.

3	vollreife Äpfel
	(Granny Smith)
100 ml	Cidre (Apfelwein)
1 Msp.	Safranpulver
25 g	Zucker
1 TL	Zitronensaft
100 ml	Champagner

Sorbet von der gelben Kiwi

▌ Die Kiwis schälen und in grobe Stücke schneiden, bis auf den Champagner mit allen Zutaten vermengen. Mit einem Stabmixer pürieren und durch ein feines Sieb passieren. Das kernfreie Püree mit dem Champagner vermengen und in einer Eismaschine cremig frieren.

8	gelbe Kiwis
60 g	Zucker
8 cl	Kiwilikör, weiß
100 ml	Champagner

Tonkabohneneis

▌ Die Milch und Sahne aufkochen. Das Vanillemark und die Tonkabohnen zugeben und 1 Stunde ziehen lassen. Zucker und Eigelb schaumig aufschlagen. Die Sahne-Milch-Mischung nochmals aufkochen und mit dem Eischaum zur Rose abziehen. Auskühlen lassen und in einer Eismaschine cremig frieren.

250 ml	Milch
250 ml	Sahne
1 TL	Tonkabohnen
	Mark von ½ Vanilleschote
30 g	Kristallzucker
4	Eigelb

Trauben-Senf-Eis

▌ Sahne, Traubensaft und Beerenauslese aufkochen. Akazienhonig, Bohnenkraut und Senf zugeben. 15 Minuten ziehen lassen. Durch ein Sieb gießen. Zucker und Eigelb schaumig aufschlagen und in die warme Trauben-Sahne-Mischung einrühren. Zur Rose abziehen, erkalten lassen. In einer Eismaschine cremig frieren.

250 ml	Sahne
200 ml	frisch gepresster blauer
	Traubensaft
50 ml	Beerenauslese
1 EL	Akazienhonig
1	Bohnenkrautzweig
1 EL	Meaux-Senf
90 g	Zucker
4	Eigelb

Mein ganz besonderer Dank gilt …

- meinen Eltern Katharina und Simon Taxacher, die mir die Ausbildung in der Spitzengastronomie ermöglicht haben;

- meiner Lebensgefährtin Sandra Kobald, die meine wertvollste Unterstützung in meinem Restaurant ist;

- meiner Tante Leni, die seit 30 Jahren unseren Betrieb wesentlich mitprägt;

- allen Mitarbeitern, die an diesem Buch und am Erfolg des Rosengarten beteiligt sind und waren;

- all meinen Lehrmeistern, die mir zu meinem Können verholfen haben;

- dem gesamten Verlagsteam rund um Angela Thomaschik und Hans-Jürgen Fug-Möller für die Unterstützung bei der Umsetzung dieses Werkes;

- der Grafikerin Sylvia Wähler und dem Autor Dr. Thomas Hauer für ihre Professionalität und ihre Geduld mit mir;

- dem Fotografen Christian Schneider, der mir mit seiner Sympathie, Begeisterungsfähigkeit und seinem Können zu einem sehr guten Freund geworden ist;

- Dipl. Sommelier Michael Wimmer, Dr. med. Beatrice, Ärztin, und Dr. Norbert Bensel, Vorstand der DB Mobility + Logistik AG – verantwortlich für Transport und Logistik, für ihr Vorwort und ihre jahrelange Unterstützung;

- den Journalisten und Kritikern, die an mich geglaubt haben und weder mit Lob, noch an Kritik gespart haben;

- meinen hervorragenden Lieferanten und Freunden, deren herausragende Produkte das Fundament meiner Küche sind;

- und vor allem meinen treuen Gästen, ohne die mein Restaurant nicht bestehen könnte.

Vielen Dank!

Simon Taxacher

Register

Register

Grundrezeptregister
[alphabetisch]

© 2008 Neuer Umschau Buchverlag GmbH,
Neustadt an der Weinstraße

▌ Alle Rechte der Verbreitung in deutscher Sprache,
auch durch Film, Funk, Fernsehen, fotomechanische
Wiedergabe, Tonträger jeder Art, auszugsweisen
Nachdruck oder Einspeicherung und Rückgewinnung in
Datenverarbeitungsanlagen aller Art, sind vorbehalten.

▌ Rezepte
Simon Taxacher
Genießerrestaurant Rosengarten,
Hotel Taxacherhof
Aschauerstr. 46
A-6365 Kirchberg in Tirol
Telefon +43 0 53 57 – 25 27
www.geniesserrestaurant.at

▌ Texte
Dr. Thomas M. Hauer, Lahr

▌ Fotografie
Christian Schneider, Mindelheim

▌ Gestaltung und Satz
Sylvia Wähler,
komplus, Marketing und Kommunikation GmbH,
Heidelberg

▌ Lektorat
Angela Thomaschik,
Umschau Buchverlag, Neustadt an der Weinstraße

▌ Herstellung
Hans-Jürgen Fug-Möller,
Umschau Buchverlag, Neustadt an der Weinstraße

▌ Druck und Verarbeitung
NINO Druck GmbH, Neustadt an der Weinstraße

▌ Printed in Germany
ISBN: 978-3-86528-635-2

Dieses Buch ist
klimaneutral gedruckt!
www.climatepartner.com / 371-53203-0108-1002

Mit dem Ausgleichsbetrag für den entstandenen CO_2-Ausstoß
beim Druckprozess dieses Buches wird der Bau einer Wind-
kraftanlage im indischen Bundesstaat Karnataka unterstützt.

▌ Die Ratschläge in diesem Buch sind vom Autor und
dem Verlag sorgfältig erwogen und geprüft, dennoch kann
eine Garantie nicht übernommen werden. Eine Haftung
der Autoren und des Verlages für Personen-, Sach- und
Vermögensschäden ist ausgeschlossen.
Die Rezepte sind üblicherweise für 4 Personen ausgerich-
tet, soweit nicht anders vermerkt.

▌ Besuchen Sie uns im Internet
www.umschau-buchverlag.de

▌ Wir bedanken uns bei unseren Partnern für
die freundliche Unterstützung:

Eurogast Sinnesberger GmbH
Innsbrucker Str. 66
A-6382 Kirchdorf in Tirol
www.sinnesberger.at

Nestlé Waters Deutschland AG
Wilhelm-Theodor-Römheld-Str. 22
55130 Mainz, Deutschland
www.sanpellegrino.de

PEFC
Ein Glück für unseren Wald.

NINO Druck ist nach PEFC zertifiziert und gehört zu den
Betrieben, die Engagement zeigen für die Umwelt und
ihre Verantwortung im Umgang mit dem Roh- und Werk-
stoff Holz (Papierherstellung). PEFC garantiert eine kon-
trollierte Verarbeitungskette – unabhängig überwacht
und lückenlos nachvollziehbar von zertifizierten und
wieder aufgeforsteten Wäldern über Holz verarbeitende
Betriebe bis zum Endprodukt.

Fotograf Christian Schneider mit Simon Taxacher